大学核心竞争力中介论

陈 明⊙著

暨南大学出版社
JINAN UNIVERSITY PRESS

中国·广州

图书在版编目（CIP）数据

大学核心竞争力中介论／陈明著. —广州：暨南大学出版社，2022. 12
ISBN 978 - 7 - 5668 - 3581 - 9

Ⅰ.①大…　Ⅱ.①陈…　Ⅲ.①高等学校—核心竞争力—研究—中国
Ⅳ.①G649. 2

中国版本图书馆 CIP 数据核字（2022）第 254968 号

大学核心竞争力中介论
DAXUE HEXIN JINGZHENGLI ZHONGJIELUN
著　者：陈　明
···

出 版 人：张晋升
策划编辑：杜小陆　刘宇韬
责任编辑：刘宇韬
责任校对：刘舜怡　黄子聪
责任印制：周一丹　郑玉婷

出版发行：暨南大学出版社（511443）
电　　话：总编室（8620）37332601
　　　　　营销部（8620）37332680　37332681　37332682　37332683
传　　真：（8620）37332660（办公室）　37332684（营销部）
网　　址：http://www.jnupress.com
排　　版：广州良弓广告有限公司
印　　刷：广州市金骏彩色印务有限公司
开　　本：787mm×960mm　1/16
印　　张：11.75
字　　数：200 千
版　　次：2022 年 12 月第 1 版
印　　次：2022 年 12 月第 1 次
定　　价：49.80 元

（暨大版图书如有印装质量问题，请与出版社总编室联系调换）

序

首先，祝贺陈明博士的专著《大学核心竞争力中介论》出版！

20世纪80年代以来，美国哈佛大学商学院教授迈克尔·波特出版了竞争三部曲《竞争战略：产业与竞争者分析技巧》《竞争优势：创造与保持优异业绩》《国家竞争优势》，从而奠定了其在竞争战略领域的大师地位。竞争三部曲于世纪之交在国内翻译出版后，产生广泛影响，最初是在工商业界形成研究潮流，再逐步蔓延到高等教育研究领域，对大学核心竞争力问题的研究也随之进入人们的视野，并在21世纪初成为研究热点。但因波特竞争理论本身的复杂性和发展性、作为研究对象的大学有着与企业不同的组织特性、大学核心竞争力问题本身的复杂性等，研究热潮过后，学界未能寻找到新的理论生长点，这一问题的研究又复归于沉寂。因此，重新对大学核心竞争力展开研究无疑是具有一定风险的行动。做好大学核心竞争力研究，要面临如下挑战。一是论题难以"出新"。二是大学与企业具有不同组织特性，理论"适切性"面临挑战。三是大学核心竞争力问题自身的复杂性，要对之进行基础研究并有所创新，对理论思维和探索能力是一种考验。因此，必须妥善处理两个问题，一是应从动态发展的观点把握波特竞争思想的流变，二是应辩证全面地看待其理论的优缺点。针对以上问题，本书做出了回应与创新：一是从组织的角度对核心竞争力的概念进行了界定，二是从教师发展角度对组织的动力机制进行了论证。此外，对处于"中介地位"的大学课程体系建设和学科体系建设，作者提出并构建了基于生活实践逻辑的大学通识课程体系结构模型以及大学学科建设的原理原则和纵向横向结构模型，这也体现了作者独特的思考和价值。

从动态发展的观点看，波特竞争思想前后发生了较大的变化。波特的竞争三部曲基本对应"核心竞争力"研究的三个阶段，即资源基础化阶段、市场环境化阶段和组织制度化阶段。第一阶段是资源基础化阶段。此阶段基本观点是，核心竞争力主要体现在获取与支配优势资源的能力上，强调依托相对优势或稀缺资源，与对手进行差异化竞争。这种优势或稀缺资源可能来自历史传承、依托行业、地方市场、地方政府或地理位置等。第二阶段是市场环境化阶段。此阶段基本观点是，核心竞争力指与竞争对手相比较、相竞争，并受体制、政策、市场等环境要素深刻影响的某种能力，因此非常重视分析环境因素的影响与作用。第三阶段是组织制度化阶段。此阶段基本观点是，对变动不居的外部环境与较为客观有限的资源的外因等变化的条件而言，组织内部的制度设计与人力资源等内因才是变化发展的依据，是矛盾的主要方面。制度是决定性因素，制度设计具有不断优化的空间。人力资源是主体性和能动性因素，是第一资源，具有不断发展和提升的空间。陈明博士将波特竞争理论创造性地移植到高等教育研究领域，从"以人为本"的理论观点和"中介论"的认识方法出发，认为：大学核心竞争力，就是在以人为本理念的指导下，通过课程与学科中介和教师发展转化机制的体系化、制度化设计，将五大文化资源有效转化为学生品质与学术贡献最终成果的体系化、整体化能力。其本质是将五大文化资源有效转化为学生品质与学术贡献最终成果的体系化、整体化能力。其内涵有三，一是理念：以人为本；二是制度：课程与学科中介设计；三是行为或机制：以教师发展为本的文化资源建设。其内涵的关键是中介与制度环节——课程与学科中介设计与建设。从其制度设计的关键环节可见，这一定义与大学核心竞争力研究的三个发展阶段的最后阶段——"组织制度化阶段"完全相符。这一定义也符合规范的属加种差定义法，大学核心竞争力其所"属",即"本质",就是一种整体化"能力","种差",即其"内涵",就是以人为本的理念、中介制度以及以教师发展为本的文化资源建设机制。

从辩证全面的观点来看,波特竞争思想沿袭了哈佛商学院管理研究见物不见人、理性有余而人性不足的传统。正如有的学者指出的那样,波特竞争理论充斥着冰冷的数据和模型,完美诠释着冷酷的工具理性和效率效益原则,人性的温度荡然无存。然而,大学不同于企业等一般社会组织,大学是一种独特的学术文化组织,教师是其第一资源,与一般的社会企事业单位的人力资源不完全一致,是一种具有较强的学术性和文化性的独特资源,在本书中表述为文化资源。教师的发展,即教师积极性、能动性和创造性的发挥,是决定性的因素,也是其发展变化的内因。经过三阶段的发展演变,大学核心竞争力概念的内涵与指向已发生重大变化,由第一、第二阶段的注重外部环境与客观资源,转变为第三阶段的注重内部主体性、能动性与创造性的制度优化与人力提升。由此,大学外向性的核心竞争力就演变为大学内部性的核心能力,研究探讨不再着重于外部环境与资源,而是聚焦于内部制度设计与人力发展。正如波特所言:随着对核心竞争力研究的深入,发现竞争力问题是一个伪命题,因为决定竞争力(competitiveness)的不是外部因素,而是自身内部的能力(competence)。打败自己的其实不是对手或敌人,而是自己。然而,如何促进教师发展?其发展的动力机制是什么?对这一问题的回答成为解决问题的关键。作者认为,教师发展的动力机制是以教师发展为本的文化资源建设。作为教师发展机制的文化资源建设包括精神文化提升引领、制度文化保障激励、行为文化规范表征、生态文化共生和谐、物质文化条件基础的完整链条和体系,五大文化资源要素缺一不可,任何文化资源要素的缺失均会导致"短板效应",最终影响和制约教师发展动力机制与功能的发挥。

本书是在博士学位论文的基础上继续研究而成。作者执着于基本理论问题的研究，并不囿于波特竞争理论而采用"中介论"等理论视角开展研究，精神可嘉。此外，本书较为偏向基础理论和完整框架的研究范式，而不是当前较为流行的实践应用和实证研究范式，是存在一定理论创新难度和偏离学界主流评价偏好风险的。但囿于学力及视野所限，问题乃至错误在所难免。希望学界同人多多批评指正。

作者陈明是我指导的第一届教育专业博士生，他一心向学，知命之年立志攻读博士，并顺利获得博士学位，实属不易，也印证了"有志者，事竟成"的古训，这也是我写下这段文字的缘由。最后，祝愿他的学术人生愈来愈和顺与幸福。

余东升

2022 年 6 月 21 日

（序作者系华中科技大学教育科学研究院教授、博士生导师，《高等工程教育研究》常务副主编）

前　言

　　大学核心竞争力是高等学校生存发展的关键所在，也是高等教育研究和实践探索的热点问题。针对大学核心竞争力理论中已有的要素论、功能论、过程论、结果论的局限性和片面性，笔者认为，大学核心竞争力本质上是一个系统，或是一种体系化、整体化的能力，具有特定的结构和机制。从"中介论"和"以人为本"的理论观点和认识方法出发，大学核心竞争力是以"以人为本"理念为指导，通过课程与学科中介和教师发展转化机制的体系化、制度化设计，将五大文化资源有效转化为学生品质与学术贡献最终成果的一种体系化、整体化的能力。这种特定的结构就是"质量标志＋中介＋教师发展机制＋资源基础"的"四位一体"系统结构，特定的"教师发展机制"就是"以教师发展为本的五大文化资源建设机制"，这种机制转化的最终成果是学生品质和学术贡献，从而完整构建出"大学核心竞争力结构'金字塔'模型"。

　　大学核心竞争力的内涵有三，一是理念：以人为本；二是制度：课程与学科中介设计；三是行为或机制：以教师发展为本的文化资源建设。其内涵的关键是中介与制度环节——课程与学科中介设计与建设。从其制度设计的关键环节可见，这一定义与大学核心竞争力研究的三个发展阶段的最后阶段——"组织制度化阶段"完全相符。

　　所谓中介论，是指系统静态结构的中间环节或系统动态运行的中间过程的理论。由这一定义可知，中介论从属于贝塔朗菲的系统论。中介论源于马克思和黑格尔的辩证法理论。实质上，中介论方法和中介论思维是一种辩证的方法和辩证的思维。中介论具有丰富的内涵：从系统的观点看，中介处于逻辑上"相邻"的两个系统的中间层次，是联系两个系统的纽带；从辩证法的矛盾的观点看，中介是矛盾的中间环节；从运动发展的观点看，中介是运动发展的"过程性"和"过渡性"流程，将运动发展过程的始与终，以及事物逻辑发展过程的原因与结果贯穿起来，从而形成一个完整的结构体系、发展脉络和逻辑链条。本书以中介理论作为理论基础，从大学核心竞争力最主要的两大成果和标志——"学生品质和学术贡献"出发，逆证或倒推出两大支撑中介——"课程建设体系中介和学科建设体系中介"；由这两大中介逆证或倒推出教师是其建设的主体、支撑和第一资源这一关键点；再从教师这一关键支撑点、资源交汇点逆证、倒推或连接到"以教师发展为本"的五大文化资源建设，从而构建了"质量标志 + 中介 + 教师发展机制 + 资源基础"的"中介型"结构，并阐明了"以教师发展为本的五大文化资源建设"机制。

"学生品质"是大学核心竞争力的重要标志之一。人才培养是大学最基本的职能，课程体系建设是直接支撑学生品质的重要中介。学生的全面发展离不开"通识教育 + 专业教育"课程体系的良好设计。本书针对大学通识教育课程体系设计，构建了"四元四维"通识课程体系空间结构圆锥模型和"四元四维"通识课程体系逻辑结构矩阵模型。"四元四维"课程体系设计和结构模型，基于马克思关于人的"生活世界"和"全面发展"理论与向度，是对西方通识教育主流"核心课程"框架模式及其基于"学科领域"理论向度的超越。针对现代学生"做人、做事、学习、研究""四元"的现实需求，整合"通识教育 + 专业教育"课程体系，从"本体论、认识论、实践论、价值论""四维"的不同维度和层次上，培养学生"真、善、仁、美"的思维、胸襟、情怀和境界，指向马克思"人的全面发展"的"生活理想"与"教育理想"，以"人的全面发展"的教育目的替代西方融会贯通的"良好公民"的教育目的，是打破西方通识教育困境、构建现代通识教育课程体系的一种努力与尝试。

"学术贡献"是大学核心竞争力的重要标志之二。科学研究是大学的第二职能，学科体系建设是直接支撑学术贡献的重要中介。学科体系建设是一个多要素复杂系统，具有校、院、系"纵向三层次嵌套结构"和自然科学、社会科学、人文科学、哲学、教育科学五科类"横向结构'五点金字塔'模型"。在校、院、系"纵向三层次嵌套结构"中，微观系级为二级学科与单学科体系建设，中观院级为一级学科与学科群体系建设，宏观校级为多学科与跨学科体系建设。从微观到宏观，各层次的学科建设各有不同的建设要素，并处于相互有机联系之中。本书建构了自然科学、社会科学、人文科学、哲学、教育科学五科类"横向结构'五点金字塔'模型"，以自然科学、社会科学、人文科学三点构成人类学科知识的基本底面；哲学是基于三大学科之上的"形而上学"，是学科结构金字塔体系的顶点；教育学 P*&E（Pedagogy，Education）则是哲学 P（Philosophy）在自然科学、社会科学、人文科学三大学科底面上的"映射"与"投影"，也是学科金字塔结构的重心和纽带，显现教育科学在人类文明静态结构与动态进程中"内在"且不可替代的重要地位和作用。

　　资源是课程体系和学科体系两大中介建设的基础，也是大学核心竞争力的基础。正如资源不能自动转化为核心竞争力，而需要课程与学科两大中介为中介一样，资源同样不能自动转化为课程和学科体系中介建设的有效力量，而需要"教师发展"作为中介机制与关节点，因为教师是课程和学科体系中介建设的主体、支撑和"能动性"资源。大学是一个文化组织，大学文化与资源是一体两面。依据文化层次与性质可将资源归结和划分为"精神、制度、行为、生态、物质"五大文化资源。五大文化资源建设要以教师的发展为本，才能凭借教师发展这一中介机制和关节点转化为课程和学科体系中介建设的有效力量，有力促进两大中介建设，并进而促进学生品质和学术贡献的提升。

　　通过建构"质量标志＋中介＋教师发展机制＋资源基础"的"四位一体"大学核心竞争力系统结构，以及通过阐明"以教师发展为本的五大文化资源建设"的链接与转化机制，本书的基本理论——中介论的指导作用得以充分发挥和有效贯彻，从而使论证理论基础更为坚实；运用逆证或倒推方法，从大学核心竞争力的两大标志，倒推出两大中介，倒推出教师发展机制，倒推出五大文化资源建设，从而使论证框架更为简明完备，论证逻辑更为清晰严密。从大学核心竞争力概念及其定义出发，运用逆推法并经由一系列过程和环节环环相扣，大学核心竞争力中介论的结构理论体系得以较为完整构建与呈现。

目　录

第一章 绪论

第一节 问题提出

一、研究背景

（一）高校生存发展竞争的迫切需要

在"回归本科教育"、创建"双一流"大学和迈向"高教强国"的背景下，我国高校生存与发展面临前所未有的机遇和巨大的挑战。丁学良认为，一个国家如果缺乏一流的高校生生不息地产出创新性的思想、理念、知识和人才，那么，毫无疑问，这样一个民族将被迫处于世界分工体系中的中下等地位，受欺负甚至被奴役也就难以避免①。大学生存发展的关键到底是什么？受企业核心竞争力研究的启发，对大学的核心竞争力问题的研究备受关注。大学核心竞争力问题是大学在生存与发展竞争中的基本问题与首要问题，也是一种全局性的问题。随着大学更加深入参与国内与国际发展竞争，大学核心竞争力的重要性与日俱增。

（二）大学核心竞争力理论与实践的局限

自 20 世纪 60 年代以来，尤其是 90 年代以后，西方从管理学的角度对企业"核心竞争力"的研究已取得丰富成果并形成理论体系，归纳起来有"组织与系统观"等 5 大观点，但尚未将其"移植"到高校办学领域，只是局限于将其"迁移"应用到对个体某种能力的培养、发展等微观方面，从而使这一主要生发与应用于"组织宏观管理"的理论未能在高校管理方

---

① 丁学良. 什么是世界一流大学 [M]. 北京：北京大学出版社，2004：29.

面发挥应有的作用与价值。在国内，企业界对这一理论进行了紧密追踪、跟进与改造，还在21世纪初就将其有效引入高等教育领域，并且主要集中在高校宏观管理领域，而不是局限于国外的个体能力发展的微观领域。迄今为止，国内有"要素协同论"等6种关于大学核心竞争力的观点。但是，不难发现，国内外现有对大学核心竞争力的研究，或因理论基础的缺失与薄弱、或论证过程中理论与实践的脱节与疏离，导致有关大学核心竞争力的理论尚未形成逻辑自洽的体系和主流的观点，从而导致理论的薄弱和对实践指导的乏力。

（三）笔者的研究兴趣及工作需要

笔者长期在高校从事规划等管理和研究工作。鉴于高校核心竞争力问题在高校生存发展中的全局性、核心性和基础性地位，以及该问题的复杂性和重要性，本书将对高校核心竞争力问题从理论到实践进行多方位系统研究，以其概念与本质作为逻辑起点，以中介论作为理论基石，构建高校核心竞争力"学生品质与学术贡献质量标志＋课程建设与学科中介建设＋教师发展机制＋资源基础""四位一体"的理论体系，从而整合与提升现有研究成果，获得对高校核心竞争力这一问题更为清晰的认识，并最终有效指导与推动大学的建设与发展。

二、研究问题

本书要回答的首要问题，也即总的问题是：大学核心竞争力的定义、要素与逻辑结构是什么？由这一总问题而延伸出的次级分问题是：各要素运行依据的原理、原则与路径是什么？对首要问题以及次级分问题的回答，构成整个大学核心竞争力理论体系从概念、要素、结构、运行、环节、过程的完整闭环。

依据以上从总问题至分问题的次序，本书认为，大学核心竞争力，就是在以人为本理念指导下，通过课程与学科中介和教师发展转化机制的体系化、制度化设计，将五大文化资源有效转化为学生品质与学术贡献最终成果的体系化、整体化能力。由此可见，大学核心竞争力的标志是学生品质与学术贡献，要素主要包括课程、学科、教师、资源等。其结构逻辑，倒推或逆序就是，学生品质和学术贡献←课程建设和学科建设←教师发展←资源。大学核心竞争力的要素与逻辑结构体系的解读就是，大学核心竞争力的最终标志与体现就是学生品质和学术贡献，学生品质主要依靠课程建设支撑，学术贡献主要依靠学科建设来支撑；课程建设和学科建设主要依靠教师发展来支撑，而教师发展主要依靠资源来支撑，以上可以说涉及和回应了本书要回答的总的问题，即大学核心竞争力的概念、要素与逻辑结构的问题。这些问题及其回答主要包含在大学核心竞争力概念界定和模型建构的有关章节中。至于分问题，则分为"四元四维"通识课程体系的建构、学科建设的要素与结构分析、以教师发展为本的文化资源建设三个章节，从各自依据的原理、原则及其路径等方面加以论证。

本书力求实现以大学核心竞争力概念作为逻辑起点，依据概念、要素、结构、运行、环节、过程的次序，逐步涉及并回应上述所有问题，形成完整逻辑结构闭环，构建一个完整的大学核心竞争力理论体系。

第二节　概念界定

一、大学核心竞争力

综观国外核心竞争力研究，虽然有能力观、环境观、资源观、组织与系统观、文化观等 5 大观点，但其公认的源头与基础是 1990 年美国管理学家 C．K·普拉海拉德和 G·哈默尔（Hamel）在著名的《哈佛商业评论》发表的"企业的核心竞争力"这篇具有标志性的文章，将"核心竞争力"的概念由 core competitiveness 转变为 core competence，从而深刻改变了原有的"核心竞争力"概念的内涵，由注重外部环境及比较优势的能力 core competitiveness 转向注重内涵提升和内生发展的能力 core competence，并促成了理论研究的转向和研究阶段的跨越，即由"核心竞争力"研究的资源基础化阶段、市场环境化阶段发展到组织制度化阶段。他们把"核心竞力"定义为对组织资源的整合能力，是各种技术性能力和经营性能力的组合，认为组织要在竞争中实现长期持续的发展，就必须形成自身的核心竞争力。核心竞争力的大小不仅在于拥有多少人、财、物等资源，更加重要的是如何将这些资源汇集到具有中介性质的关键环节或平台以生产出具有竞争力的最终产品；核心竞争力也不仅仅表现为技术、设备甚至是文化、制度与机制，而更为重要的是它们之间的体系化和有机化，从而形成一种整体化的合力。① 哈佛大学商学院迈克尔·波特在其经典著作《国家竞争优势》中曾指出，一个国家的总体竞争力，是这个国家的文化、价值观、政治体制、经济结构、具体的政策与组织制度等多种因素综合作用的结果。② 在论及国家的作用时，"国家竞争力"一词本身并无实质性意义，因为国家的基本目标不是与其他国家一比高下，而是满足与提升人民高品质的生活需要，要达成这一目标，"竞争力"关系并不大，最重要的是运用资本与劳动等国家资源所得到的生产力（productivity）或能力（competence），生产力又是每单位劳动与资金的产出价值，并且由产品的品质、特性（二者决定产品价格）以及生产效率来决定。因此，就国家而言，所谓"竞争力"，其意义与实质就是"生产力"或自身的能力。③

综观国内研究，目前有技术观、知识观、资源观、能力观、教师观、协同观等六大观点，主流的协同观点将大学核心竞争力定义为基于人才培养和科学研究等主要职能上的对资源的系统化、整体化开发、利用与转化的能力，可见对概念的把握具有较高的准确性与概括力。其中，张卫良的灼见是"追求卓越"和"人格化的能力"，孟丽菊的独特贡献是提出"中介"概念，刘向兵、毛亚庆和夏仕武的卓见为"获取、创造、整合资源的特有的能力"及"对大学资源有效运作而产生的整体竞争能力"。然而，上述学者尚未对教师在资源供给与职能中介建设中的"双重角色"与"中介机制"尚未进行深入分析，对"中介"概念尚未有效展开并建构完整的理论体系，为本书"站在其肩膀上"进一步探究预留了空间。李雪飞

---

① PARAHALAD C K, HAMEL G. The core competencies of the corporation [J]. Harvard Business Review, 1990.

② 波特. 国家竞争优势 [M]. 李明轩，等译. 台北：天下文化出版社，1996.

③ 朱小娟. 产业竞争力研究的理论、方法和应用 [D]. 北京：首都经济贸易大学，2004：8.

（2008）认为，美国研究型大学的竞争力依赖于资源、文化、能力三大要素，也就是说竞争力就是这三大要素的组合，这显然是一种描述性而非规范性定义；王丽君（2008）指出高校核心竞争力的本质是竞争资源与竞争能力的结合，也有尚未"化多为一"之嫌，给人意犹未尽之感。

本书从"中介论"和"以人为本"的理论观点和认识方法出发，认为：大学核心竞争力，就是在以人为本理念指导下，通过课程与学科中介和教师发展转化机制的体系化、制度化设计，将五大文化资源有效转化为学生品质与学术贡献最终成果的体系化、整体化能力。其本质是将五大文化资源有效转化为学生品质与学术贡献最终成果的体系化、整体化能力，其内涵有三，一是理念：以人为本；二是制度：课程与学科中介设计；三是行为或机制：以教师发展为本的文化资源建设。其内涵的关键是中介与制度环节——课程与学科中介设计与建设。从其制度设计的关键环节可见，这一定义与大学核心竞争力研究的三个发展阶段的最后阶段——"组织制度化阶段"完全相符。这一定义也符合规范的属加种差定义法，大学核心竞争力其所"属"，即"本质"，就是一种整体化"能力"，"种差"，即其"内涵"，就是以人为本的理念、中介制度以及以教师发展为本的文化资源建设机制。

对人及人所主导的组织而言，主要竞争对手及其敌人从来不在于外部，而在于自身。故大学核心竞争力不暇外求，其关键在于自身内部能力中介建设以及转化机制，即学科与课程，以及教师发展的建设。通过中介论与中介论的视角，发现这种特殊能力其特殊性就表现在，它是一种复合性的体系化能力，呈现出层次性、中介性和中介性的体系化结构特征。有效的动力机制不是凭空产生的，而是以制度为规范，以理念为引领，以文化为根基，以资源为依托的，是文化、制度、资源的有机结合，它通过组织化、层次化、结构化的方式体现出来，其形态就是中介的枢纽结构，其机制就是以教师发展为本的文化资源建设。由此，本书进而提出大学核心竞争力"中介论"的结构体系观点，认为大学核心竞争力是包括"质量标志＋中介＋教师发展机制＋资源基础"的"四位一体"的"中介型"结构体系，其关键和枢纽是"学科建设体系中介"和"课程建设体系中介"

两大中介以及"以教师发展为本"的文化资源建设机制，唯有通过这两大中介以及教师发展环节才能将资源要素转化为质量目标。这一制度化、体系化能力以"课程体系和学科体系建设"为中介，以"教师专业发展"为中介机制，以"五大文化资源"为基础条件，以"学生品质"和"学术贡献"为最终结果、体现和标志。唯有从整体的、系统的高度和广度来把握，并在深度上分辨透视其层次性、中介性和中介性的体系化结构特征，才能完整、准确把握高校核心竞争力的全部特征。

综上所述，大学核心竞争力的研究发展经历了三个阶段。第一阶段是资源基础化阶段，此阶段基本观点是，核心竞争力主要体现在获取与支配优势资源的能力，强调依托相对优势或稀缺资源，与对手进行差异化竞争。这种优势或稀缺资源可能来自历史传承、依托行业、地方市场、地方政府或地理位置等。第二阶段是市场环境化阶段，此阶段基本观点是，核心竞争力指与竞争对手相比较、相竞争，并受体制政策市场等环境要素深刻影响的某种能力，因此非常重视分析环境因素的影响与作用。第三阶段是组织制度化阶段，此阶段基本观点是，对变动不居的外部环境与较为客观有限的资源的外因等变化的条件而言，组织内部的制度设计与人力资源等内因才是变化发展的依据，是矛盾的主要方面。制度是决定性因素，制度设计具有不断优化的空间。人力资源是主体性和能动性因素，是第一资源，具有不断发展和提升的空间。综上所述，经过三阶段的发展演变，大学核心竞争力概念的内涵与指向已发生重大变化，由第一、第二阶段的注重外部环境与客观资源，转变为第三阶段的注重内部主体性、能动性与创造性的制度优化与人力提升。由此，大学外向性的核心竞争力就演变为大学内部性的核心能力，研究探讨的重心不再是外部环境与资源，而是聚焦于内部制度设计与人力发展。本书之所以还在使用大学核心竞争力而不是大学核心能力概念，是因为"核心竞争力"研究主题与研究问题连续性的反映和尊重传统的需要，无须更换概念，且大学核心竞争力概念研究阶段与内涵演变已为学界熟悉并已成为共识。正如美国著名竞争力研究学者波特所言：随着对核心竞争力研究的深入，发现竞争力问题是一个伪命题，因为决定竞争力（competitiveness）的不是外部因素，而是自身内部的能力

（competence）。打败自己的其实不是对手或敌人，而是自己。因此，核心竞争力的研究从注重资源的第一阶段，注重外部环境的第二阶段，发展到注重内部组织制度要素的第三阶段，对核心竞争力（core competitiveness）的研究也就演变成对核心能力（core competence）的研究，核心竞争力的实际内涵与研究对象已发生重大转向，更加注重"自强不息，厚德载物"，激发自身发展潜能，做更好的自己，而不再是"争做第一，击败对手"，力争取得优势甚至垄断地位，以获取垄断利润和优质稀缺资源，进而获得发展优势，这一"单极化"独断独霸思想已经落后于当今"多极化"共生共存时代潮流。

二、学生品质

学生是大学最重要的"产品"，培养出来的学生品质与大学的地位和声誉直接相关，是大学核心竞争力的重要标志。所谓学生品质，是指学生培养的整体质量，也就是学生知识、能力和素质的综合体现。在教学或学生培养活动中，课程尤其是正式课程是主渠道，起主要作用，非正式课程和其他非课程教育活动是辅助手段，起次要作用，因此，本书以课程建设作为支撑学生品质的基本中介。普通本科高校现行课程模式是"通识教育+专业教育"的"拼盘模式"，事实上，这种"拼盘模式"的本质、重心和导向是一种专业教育模式，通识教育沦为一种"好看不实用"的"花瓶"和"点缀"，陷入一种"可有可无"的境况。这是目前的认识水平、舆论导向、实用传统和"通专并列"的"拼盘"式课程体系结构设计的必然结果。在信息化社会中，社会职业变迁和"跨界"加快，专业口径宜宽不宜窄。现今，问题的解决经常涉及多学科、多领域的综合性知识素养，对人的基本素质和全面发展的要求普遍提高。在这一时代背景下，普通本科高校的"本科教育是一种专业教育"的认识和判断值得反思，既与马克思提出的人的全面发展的教育目的不合，也与本科作为通识教育的理念与传统不符。一般普通本科高校，甚至不少211、985高校学生的基本素质缺乏与低下的情况越来越凸显，这一问题已引起不少有识之士的关注和担忧，如杨叔子、李培根等。他们在不同场合以不同方式疾呼与推动素质教育，但因缺乏制度保障和理论支撑，效果不尽人意，问题难以得到根本解决。

本书只着重于通识课程而未讨论专业课程，有以下两个原因，一是在现有"通识课程＋专业课程"的模式下，专业课程已经得到强调和规范，而通识课程"杂、乱、散"的情况突出，十分薄弱，亟待加强，故只着重于通识课程，以为在现行课程体系模式下改变通识课程部分的现状提供借鉴和思路；二是尝试构建一个主导性的通识课程体系，为普通本科高校实施全面的通识教育做理论探索。只有实施全面的、主导性的通识教育，而将专业教育作为主修课程包含或融入通识课程体系之中，才能达到通识教育培养全面发展的人的教育目的。专业教育主要后置到专业学院或研究生院，本科为通识教育，本科之后或研究生阶段实施专业教育。唯如此，将通识教育与专业教育分为两个不同的教育阶段，才能有效消除通识教育与专业教育的矛盾与对立，才能真正实现通识教育的目的。

三、学术贡献

所谓学术贡献，就是指大学科学研究的成果体现。学术贡献是指教师和研究人员的学术研究成果及其应用，而教师和研究人员都属于一定的学科组织建制，其研究进展和成果也要依托学科建设及发展，所以，本书以学科建设作为支撑学术贡献的基本中介。最终体现大学核心竞争力的标志或产品，也就是大学践履教学、科研、社会服务、文化传承创新四大职能的成果，应该是四个，即学生品质、学术贡献、服务能力、文化传承创新能力。本书之所以仅选择学生品质和学术贡献两个标志，一是从历史与逻辑上讲，教学是第一职能，科研是第二职能，这两个职能是不可分割的基本职能，而社会服务是这两个职能的衍生或延伸职能。因为人才培养和科学研究本身就是大学服务社会的一种独特方式，大学开展的其他社会服务也必须建立在人才培养和科学研究的能力和水平基础上。二是删繁就简、突出重点的需要，因而未对社会服务方面进行研究。至于文化传承创新，更是人才培养和科学研究两大基本职能的延伸，并且尚不属于传统公认的大学三大职能，也不在本书讨论之列。

四、教师发展

教师是学校的第一资源，也是高校其他资源和要素的具有主观能动性的"活"的"载体"。因此，教师发展在大学发展中具有特别重要的意义。教师发展不只是专业发展或学术发展，还是生态发展和全面发展。在普通本科高校，教师是教育的主导，是办学的主体，专职研究人员在数量与重要性上均处于次要地位。故为行文简洁，本书只提及教师而未提及专职研究人员，在一定场合教师一词可视为包含专职研究人员。大学的各种资源不可能自动地、无条件地转化为学科建设和课程建设成果，而要通过"教师发展"这一"中介"。也就是说，只有将各种资源汇集到教师这一焦点中来，有效促进教师发展，再通过教师发展来取得课程建设和学科建设的成果。由此可见，教师发展是资源基础与课程建设、学科建设之间的中介，也是资源转化，支撑学科建设与课程建设，最终提升学生品质和作出学术贡献的机制和关键。

五、文化资源

从最宽泛的意义来看，排除未经人类任何干扰的纯粹自然物外，所有留有人类痕迹的事物都可以称之为文化。大学是一个独特的文化组织，大学的各种资源也可以称之为不同形态的文化，具有文化意义，内涵有文化属性。一般而言，文化可分为五种类型，即精神文化、制度文化、行为文化、生态文化和物质文化。从资源的文化属性角度，资源也可相应划分为五类资源，即精神文化资源、制度文化资源、行为文化资源、生态文化资源和物质文化资源。

大学作为一个独特的负有传承创新文化使命的"文化组织"，教师作为负有传承创新文化使命的"文化人"，文化在大学与教师发展中具有至关重要的意义，文化是大学与教师的内在属性和重要标志。资源只有具有文化特征与"气息"，才更易于转化为促进教师发展的有效力量。也就是说，资源只有首先具有"文化"，"文而化之"，才能最终实现"人化"，"人文化成"，转化为促进教师发展的有效力量，从而达到促进教师发展的目的。正是基于将资源更好地聚焦于教师、更好地转化为教师发展的资源力量的考量，本书凸显资源的文化属性，尝试从文化的角度来建设、整合、优化和提升资源，以为教师发展提供更好的资源供给与配置，使资源成为教师发展的强大动力与保障。

第三节　研究设计、方法与意义

一、研究设计

（一）研究思路

本书研究基本思路为通过演绎法，从基本概念出发，运用系统与组织分析方法来建构整个理论框架和体系。首先，运用中介论来论证大学核心竞争力是一种体系化、整体化的能力，即一种具有中介，从而能够促进资源倍增和结构优化的独特能力。其次，在明确界定概念基础上，从大学核心竞争力的两大标志与成果——学生品质与学术贡献，倒推出两大支撑中介——课程体系建设中介与学科体系建设中介；再次，从课程体系建设、学科体系建设两大中介，倒推出教师发展这一中介机制；最后，从教师专业发展这一中介机制，倒推出以教师五大文化资源建设，从而构建出大学核心竞争力的完整结构体系。

（二）研究框架

本书研究框架结构如图 1-1 所示：

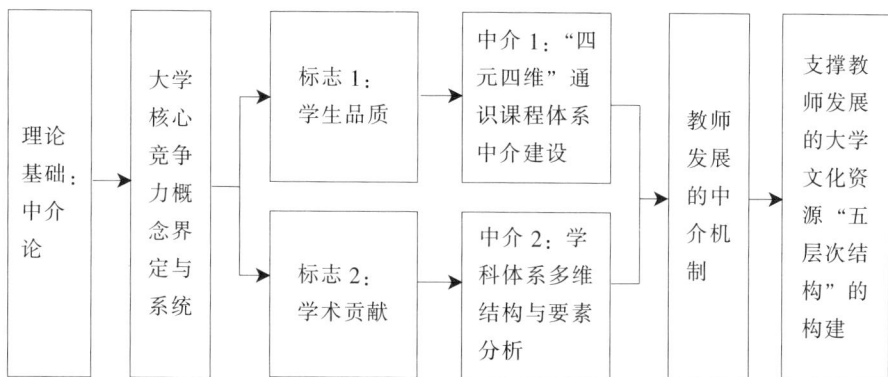

图 1-1 本书研究框架结构图

二、研究方法

（一）系统分析方法

所谓系统分析方法，是指将研究对象视为一个具有内在要素、结构、功能、过程、环节和机制的系统。并运用系统论的整体性、结构性、目的性原理，揭示对象系统的要素与机制、结构与功能、过程与环节之间的内在联系，以阐明对象系统有效运行与动态发展的规律。

系统分析方法在本书中的具体运用，是将大学核心竞争力视为一个系统或体系，建构了大学核心竞争力金字塔系统结构图、火箭系统结构图以及研究框架结构图，揭示其要素包括理念、制度与资源三个类别，机制就是在"以教师发展为本"理念与目的指导下的资源建设机制；作用过程就是通过从底层到顶层的资源基础建设、教师发展机制、课程体系建设和学科体系建设两大中介、学生品质和学术贡献两大标志的环节和链条而运行；这种中介型的结构为其"整体化""体系化"功能与能力的有效发挥提供了"组织化"与"制度化"保障。

（二）组织分析方法

所谓组织分析方法，是指将研究对象视为一个具有理念、制度及要素的组织，运用组织生态学及组织行为学中人的需要、动机与发展的原理，揭示理念、制度与要素之间的关系，阐明组织有效运行的机制和规律的方法。

组织分析方法在本书中的具体运用，是将大学核心竞争力系统视为一种人为的和为人的组织及其结构。作为人为的，也就是由人组成的组织，其核心竞争力不存在于外部环境与资源，而存在于组织的理念及其制度安排。正如人本身，其核心竞争力向来不暇外求，而在于自身的信念与修为。本书运用中介的组织建构方法，构建了"中介型"大学核心竞争力组织结构；基于组织行为学中马斯洛"人的需要层次理论"，揭示"以人为本"的理念以及"以教师发展为本"的资源建设机制；阐明无论是学科、课程还是知识都是组织的手段，"人为"组织的最终目的只能是"为人"，即更好地提升教师学术水平和学生品质。

三、研究意义

（一）理论意义

其一，构建了大学核心竞争力系统的"中介型"结构框架。通过课程体系建设和学科体系建设两大中介的汇集、转化与支撑作用，将底层五大文化资源——精神、制度、行为、生态、物质与顶层两大质量标志——学生品质与学术贡献联系起来；通过教师发展这一中介与机制，进一步将底层五大文化资源与课程体系建设、学科体系建设两大中介连接起来。从而使大学核心竞争力复杂系统成为一个有机联系、逻辑严密、结构完整的体系。

其二，提供了新的理论视角，并在课程体系结构、学科体系结构以及大学文化结构上有一定的理论创新。将源于哲学的中介论与源于工商业的中介论运用于大学核心竞争力系统结构的研究，并在课程体系建设与学科体系建设两大中介以及教师发展中介机制上得以有效运用与贯彻，使研究理论基础更为坚实；提出了基于马克思生活世界理论的"四元四维"大学通识教育课程体系和学科体系建设的横向金字塔立体结构；在学科建设纵向校、院、系三层次嵌套结构与大学文化五大类型上有一定理论创新。

（二）实践意义

其一，为大学课程体系、学科体系以及以教师为本的文化资源建设提供了较为清晰的思路。以课程体系和学科体系建设作为两大中介而构建的大学核心竞争力体系结构，以及以教师发展作为中介机制构建的五大文化资源建设，为准确理解和把握大学核心竞争力的概念和理论提供了有力指导和简明图景；"四元四维"大学通识教育课程体系的建构、学科建设纵向三层次嵌套结构、横向五学科金字塔立体结构以及五大文化资源结构，为大学课程体系、学科体系以及以教师为本的文化资源建设提供了较为清晰的思路。

其二，大学核心竞争力中介论作为理论与实践间的决策理论和中层理论，是将教育理论与教育实践紧密相连的纽带与关键。大学核心竞争力中介论具有较为坚实的理论基础，并通过大学核心竞争力金字塔和火箭模型、四元四维通识课程体系空间结构圆锥模型和逻辑结构矩阵模型、学科纵向三层次嵌套结构模型和横向结构"五点金字塔"模型、教师发展的中介机制、支撑教师发展的文化资源"五层次"结构等，构建了结构严谨与逻辑自洽的理论体系。理论一经群众把握，就能转化为物质力量。而理论只要彻底，就能把握群众。大学核心竞争力中介论的建构，有利于克服理论与实践"脱节"与"疏离"的"两张皮"的问题。

第二章　文献综述

对高校竞争力的讨论是一个新近的话题。与企业相比，高校在很长一段时间以来都被看作是非竞争性的组织。但发展到今天，尽管高校的竞争与企业的在目的等方面仍有不同，但高校之间的竞争却已成为一个不争的事实。高校的竞争是随着高校的发展而产生的。在中世纪，大学还是跨国性质的组织，但发展到后来，大学成为各国自己的机构，大学的国际性减弱。大学之间又由于严格的地位界限而不存在竞争的可能性。如很长时间以来，英国都只有牛津和剑桥两所大学，但事实上，竞争也还是存在的，这就造成了后来英国的大学不断升级，新大学不断出现。而在美国，大学间激烈的竞争与升级造成的混乱更是导致了 20 世纪 60 年代美国加州高等教育规划的出台。但总体而言，大学之间竞争的特点并不明显，所以，在大学中关于竞争的讨论并不多。但发展到 20 世纪 70 年代，由于各国高等教育大众化带来的大学大扩张，以及当前大学面临来自外部的一系列变革，如资金紧张、生源争夺、高等教育国际化以及新公共管理运动等，导致大学之间产生竞争，且愈演愈烈。为了应对竞争，各国大学都开始讨论如何提升大学竞争优势的问题，美国的大学于 20 世纪 70 年代开始引入战略规划来提升自身的竞争力，而后很多国家的大学都开始使用战略管理这种来自企业界的工具以提升自己的竞争力。与此同时，知识经济时代对国家竞争力发展的要求也把大学竞争力推向了台前，各国不断出台各种大学排行榜等来对大学进行层次划分，给大学的发展带来了巨大的竞争压力。由此，关于大学竞争力的问题也开始进入人们的视野。

截至 2019 年 6 月，用 competitiveness 为主题词检索 Springer 外文数据库的期刊论文（Journals），相关的"Higher Education"二级学科结果为131 篇，用 competence 检索得到的结果为 196 篇；检索该数据库的外文著作（Books），competitiveness 的结果为 57 部，competence 的结果为 95 部。经梳理发现，国外主要是将"核心竞争力"这一理论应用于工商企业的管理学科领域，在教育学科的应用只是局限于个体某种能力的培养、发展等微观方面，而尚未发现将其"移植"到大学办学及管理的宏观领域。

同期，用"核心竞争力"为题名检索知网（CNKI），结果有博士学位论文 92 篇，其中关于高校核心竞争力的论文有 5 篇，即《高水平行业特色型高校核心竞争力评价与培育研究》（党传升，2012），《高校核心竞争力理论与实践研究》（张卫良，2005），《我国研究型高校核心竞争力评价与培育研究》（任喜峰，2007），《基于知识管理的高校核心竞争力研究》（韩锦标，2011），《我国医科高校核心竞争力综合评价理论、方法及应用研究》（杨昕，2005）；硕士学位论文 2 033 篇（其中高校核心竞争力 22 篇）；核心期刊论文 3 898 篇（其中高校核心竞争力 52 篇）。用"高校核心竞争力"为题名在亚马逊以及当当网上检索到相关著作 4 部，即《赢得未来：高校核心竞争力研究》（成长春，2006），《基于知识观的高校核心竞争力研究》（毛亚庆、吴合文，2010），《经济欠发达地区新建本科院校核心竞争力研究》（庄严，2012），《企业视角的高校核心竞争力研究：基于地方性高校的分析》（徐和清，2010）。通过重点研读和梳理，归纳出以下观点。

第一节　国内相关研究

一、关于大学核心竞争力的定义

张卫良认为：大学核心竞争力是以资源为基础、以理念为指导，从而推动大学不断发展与创新的"积累性学识"，是大学综合化一体化能力。其主要内涵，一是综合各种知识和能力有机构成的能力系统，是一种整体性的综合化实力，而非单方面的资源、技术或能力；二是履行人才培养等核心职能所形成的势能；三是一种人格化的能力，是以人为本的能力，并在一定程度上体现为人本身的发展与能力。① 刘向兵认为，大学核心竞争力是指一所大学特有的长期化、持续化、资源化的创造和整合的能力。大学核心竞争力的核心构成要素基于两大职能：大学的人才培养和学术研究，这两方面的能力具备有无可替代性、价值稀有性、难以模仿性等核心竞争力的特点。大学的其他要素诸如理念、制度、特色等文化因素，以及各种有形的、无形的资源等资源因素都不是大学的核心竞争力，它们只是核心竞争力的重要影响因素而已。综上所述，各学者均将大学核心竞争力定义为基于人才培养和科学研究等主要职能上的对资源的系统化、整体化开发、利用与转化的能力，可见对概念的把握具有较高的准确性与概括力。其中，张卫良的灼见是"追求卓越"和"人格化的能力"，孟丽菊的独特贡献是提出"中介"概念，刘向兵、毛亚庆和夏仕武的卓见为"获取、创造、整合资源的特有的能力"及"对大学资源有效运作而产生的整体竞争能力"。然而，上述学者尚未对教师在资源供给与职能中介建设中的"双重角色"与"中介机制"进行深入分析，对"中介"概念尚未有效展开并建构完整的理论结构体系，为本书"站在其肩膀上"进一步探究预留了空间。

二、关于大学核心竞争力的本质与内涵

黄达人认为，人才培养是大学的第一职能，教学是大学的中心工作，学生的质量是大学办学质量最重要的体现，学生的品质和竞争力就是大学最核心的竞争力，学生的声誉就是大学的声誉，因此大学核心竞争力就是一所大学人才培养的水平和能力，其他的科研、社会服务和文化传承创新等职能，都是次生的、第二位的，都要围绕和服务于人才培养这一中心工作，更不能冲击和削弱这一基本职能。② 刘向兵也持类似从大学职能来构成核心竞争力的观点，突出强调人才培养的第一职能和核心地位，科学研

① 张卫良. 大学核心竞争力理论与实践研究 [M]. 青岛：中国海洋大学出版社，2006：52-54.
② 黄达人. 创新人才培养模式提升大学核心竞争力 [J]. 中国高等教育，2004（19）：7.

究的第二职能和重要地位，而第三的服务社会职能和第四的文化传承创新职能是第一和第二职能的延伸与派生，并对大学核心竞争力构成因素的泛化的现象提出了质疑，认为将大学办学中的诸多因素不分主次地均作为核心竞争力要素，反而会冲击和模糊对主要核心要素的认知与把握，也会对办学实践产生不分主次无所适从的误导。① 毛亚庆、夏仕武认为，1990 年美国管理学家哈默（Hamel）和普拉哈拉德（Prahalad）在《哈佛商业评论》发表《企业核心竞争力》（*The Core Competence of the Corporation*）一文后，"核心竞争力"一词开始在学界流行开来。但到底是译为"核心竞争力"还是"核心能力"，在学术上是存在争议的，这需要在应用场景和内涵上加以具体分析。② 张卫良认为，资源是大学发展能力的基础，但资源再重要，仍然需要人和某种机制去获取、去整合、去善用，否则，不光会导致获取资源机会的错失，也难免会导致现有资源的浪费和误用，"好钢要用在刀刃上"。系统论认为，整体大于部分之和，某一方面的优势不等于整体优势，有效的资源整合能力才是最为核心的、难以模仿的能力，也就是整合和优化能力的能力。③ 余新丽、赵文华认为，大学核心竞争力的国外研究，主要集中于能力、竞争优势、竞争力、课程、创新等方面，而国内主要集中于学科建设和核心竞争力两方面。④

迈克尔·波特曾在其经典著作《国家竞争优势》中指出，国家竞争力，是国家政治体制与结构、经济体制与结构、文化与价值观、司法制度、各项政策与组织管理制度等多种因素共同作用的结果。⑤ "国家竞争力"一词本身并无实质性意义，因为国家的基本目标不是与其他国家一较高下，而是满足与提升人民高品质的生活，要达成这一目标，竞争力关系并不大，最重要的是运用国家的各项资源所得到的生产力（productivity）或能力（competence）。因此，就国家而言，所谓"竞争力"，其意义与实

① 刘向兵. 大学核心竞争力构成要素辨析 [J]. 中国人民大学学报，2007（2）：144.
② 毛亚庆，夏仕武. 何谓大学核心竞争力 [J]. 北京大学教育评论，2005（2）：108.
③ 张卫良. 大学核心竞争力理论与实践研究 [M]. 青岛：中国海洋大学出版社，2006：79.
④ 余新丽，赵文华. 基于知识图谱的大学核心竞争力的理论基础与热点研究 [J]. 现代大学教育，2011（6）：45.
⑤ 波特. 国家竞争优势 [M]. 李明轩，等译. 台北：天下文化出版社，1996.

质就是"生产力"或自身的能力（competence）。①

综上所述，各学者普遍认为，就本质而言，大学核心竞争力不是某种要素的独特功能，而是一种资源整合的"累积性"的整体性能力。如张卫良的"资源整合能力与利用效率"，毛亚庆、夏仕武的"大学核心竞争力深植于竞争主体的各种资源之中"。并且，所谓的源自美国学者的"核心竞争力"（the core competence）概念，其本意是"核心能力"，甚至是一种整体实力或生产力（productivity），而不是"核心竞争力"（the core competitiveness），甚至认为在国家层面单纯从"竞争力"的角度理解没有意义。如毛亚庆、夏仕武指出"美国普拉哈拉德的 the core competence 其中译成'核心能力'的文章最多"。李雪飞指出：就大学竞争力而言，资源是基础，文化是支柱，能力是关键。就主要要素及内涵而言，大学核心竞争力的关键环节是教学和科研两大职能，也就是课程建设和学科建设，其他如社会服务、文化传承创新等属于这两大基本职能活动的"辐射"和"延伸"。

三、关于大学核心竞争力的观点

（1）技术观。

赖胜德认为，在现代信息化和数字化背景下，大学不论是组织管理还是教育教学，都受到科技革命的深刻影响。科技及其应用不只是第一生产力，也是大学的核心竞争力。在数字化信息化时代，大学课程的组织与呈现方式、课堂教学与学生自主学习的方式方法已发生极大变化。大学应充分利用信息化和数字化科技手段，大力提升组织管理和教育教学等诸多方面、环节的科学性和有效性，从而提升其效率和效益，实现大学核心竞争力的提升。②

（2）知识观。

持这一观点的学者认为，所谓大学核心竞争力，就是对优势的知识体

---

① 朱小娟. 产业竞争力研究的理论、方法和应用 [D]. 北京：首都经济贸易大学，2004：8.
② 赖胜德. 论大学核心竞争力 [J]. 教育研究，2002（7）：42 – 42.

系提供、识别和管理，是大学内部一系列相互匹配、互补和相互支撑的知识和技能的组合。正如布鲁贝克所言，大学是传承创新"高深知识"的社会组织。大学是一个知识型和学习型组织，加强知识管理与共享，对于提升大学各子系统的整合程度与运作效率，从而更好地承担人才培养、科学研究、社会服务和文化传承创新职能等，都具有重大意义。①

（3）资源观。

资源观的主要观点是，大学是一个资源依赖型组织，大学的办学资源是其核心竞争力的基本条件和重要基础。整合和获取资源的能力是大学核心竞争力的一个重要方面，大学核心竞争力本身其实也可以说是大学的一种"特殊的资源"。大学核心竞争力就是大学在践履四大职能过程中，对各种办学资源的配置与有效运作而产生的整体合力。②

（4）能力观。

这一派的观点是，大学核心竞争力不是某一方面的技术或资源，而主要是指大学独特的吸引、争夺、获取、控制、转化资源的能力，以及高效践履四大职能的能力。可见，该观点强调的是一种整体化、系统化开发和利用资源的能力。③

（5）师资观。

马士斌指出，大学核心竞争力的要素很多，但人是第一位的，教师是办学的主体、是第一资源。办学应依靠教师、以人为本。教师的专业发展和核心竞争力主要体现在其数量、结构、素质、培养、激励、竞争、合作等七大方面。可见，该观点十分强调对教师的各种保障，以促进教师发展。④

（6）协同观。

秉持这一观点的学者有别敦荣、李雪飞等。别敦荣认为，大学核心竞争力是大学办学过程中很多条件、要素和过程相互协同、共同作用的结果。大学核心竞争力的形成和发展是一个变化的过程，是以办学资源为基

---

① 林莉，刘云芳. 知识管理与大学核心竞争力 [J]. 科技导报，2003（5）：51 – 54.
② 别敦荣，田恩舜. 论大学核心竞争力及其实现途径 [J]. 复旦教育论坛，2004（1）：58 – 59.
③ 孟丽菊. 大学核心竞争力的含义及概念塑型 [J]. 教育科学，2002（3）：59 – 60.
④ 马士斌. "战国时代"：高校核心竞争力的提升 [J]. 学海，2000（5）：29.

础，通过大学精神与文化、组织管理制度、教师队伍建设以及环境及资源的优化、获取等多方面要素协同作用的结果。[①] 李雪飞通过对美国研究型大学的分析发现，文化、资源与能力是研究型大学竞争力的主要构成因素。[②] 可见，该观点秉持的是一种系统化和整体化的观点。

除此之外，还有"文化论""学科核心论""综合素质论""个性论"，以及基于知识管理、学生个性培养、服务社会、文化传承与创新的观点。[③] 当然更多的是关于学科建设的观点和一些有关于学生品质的观点等。这些观点都从某一侧面或某种程度上揭示了大学核心竞争力的部分内涵，正是因为这种多样性，我们才能从多方面、多视角理解和把握高校核心竞争力。文化传承与创新，本质上从属于教学与研究；知识管理从属于管理制度，而管理是一种手段而不是目的，终究要落实到管理和服务对象——教师上来，充分激发教师的教学和科研积极性和有效性，最终体现为成果——学生品质和学术贡献；学生个性无疑从属于学生品质；服务社会直接从属于科研及其水平，间接从属于教学及其学生品质。也就是说，以上观点各具特色并不乏卓见，罗列出诸多要素，但未能明确将这些要素划分为大学核心竞争力的标志、中介（支撑）、机制（焦点）、资源基础等层次，并阐明各层次要素之间的逻辑关系（结构）和运作方式、流程与环节（机制），从而导致各观点尚未构建成为较为完整和严密的理论体系，逻辑严密性和体系完整性不足，这正是本书以"中介论"为理论基础和方法论，构建"质量标志（学生品质与学术贡献）＋中介（课程建设与学科建设）＋机制（教师发展）＋资源基础"的大学核心竞争力"四位一体"体系致力解决的问题与价值所在。

四、关于大学核心竞争力系统的结构模型

张卫良在《大学核心竞争力理论与实践研究》一书中指出，中南大学

---

① 别敦荣，田恩舜. 论大学核心竞争力及其提升途径［C］//全国第一届院校发展研究学术研讨会资料，2003：10
② 李雪飞. 美国研究型大学竞争力发展策略研究［D］. 上海：华东师范大学，2008：摘要.
③ 王丽君. 大学核心竞争力及其评价研究［D］. 青岛：青岛大学，2008：5.

已经形成了以办学理念为先导、以教师发展为核心、以学科建设为基础、以文化为纽带和氛围、以制度创新为动力、以大学三大职能为实现过程和表现形式，以管理体制和运行机制改革为保障体系的核心竞争力模式。中南大学的核心竞争力结构模式如图 2 - 1 所示。

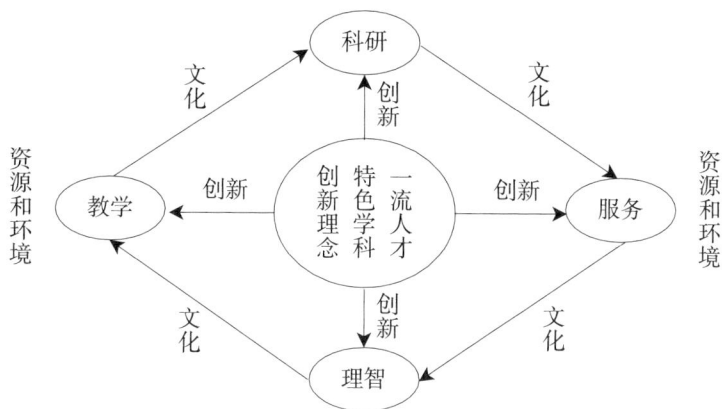

图 2 - 1　中南大学核心竞争力结构图①

张卫良的中南大学核心竞争力结构模型是由内层—中层—外层组成的三层次结构，内层为标志，但三大标志（一流人才、特色学科、创新理念）并非并列关系，很难说在同一层面；中间层次是支撑，即教学、科研、服务与理智四大支撑，但服务属于"衍生"或"延伸"职能，支撑失之于多且主次较为模糊；外层资源和环境是基础和保障，亮点在于突出了环境因素，这是很多研究不曾涉及的，而且将大学文化作为一种"环状"因素"包裹"整个结构，突出了文化的"氛围性""环境性"与"资源性"，为本书建构中介机制——以教师发展为本的文化资源建设提供了弥足珍贵的启示。

在《何谓大学核心竞争力》一文中，毛亚庆、夏仕武用一张图来说明大学核心竞争力与大学核心能力、大学职能、大学资源之间关系。在图 2 - 2 中，从处于图底部的五大办学资源到处于上部的核心能力层次都在一

---

①　张卫良. 大学核心竞争力理论与实践研究［M］. 青岛：中国海洋大学出版社，2006：86.

个同心圆之中，这个同心圆表明了各要素之间是相互依存的关系：核心能力是大学在践履三大职能活动中才得以形成和发展的，三大职能活动的践履是需要以大学的各种有形无形的办学资源为基础与支撑的。大学核心竞争力处于三个层面要素构成的整个体系方框之上，说明大学核心竞争力是一个整体性的整合能力，是对上层核心能力、中层三大职能以及底层五大办学资源的整合能力，是各要素共同作用的结果。

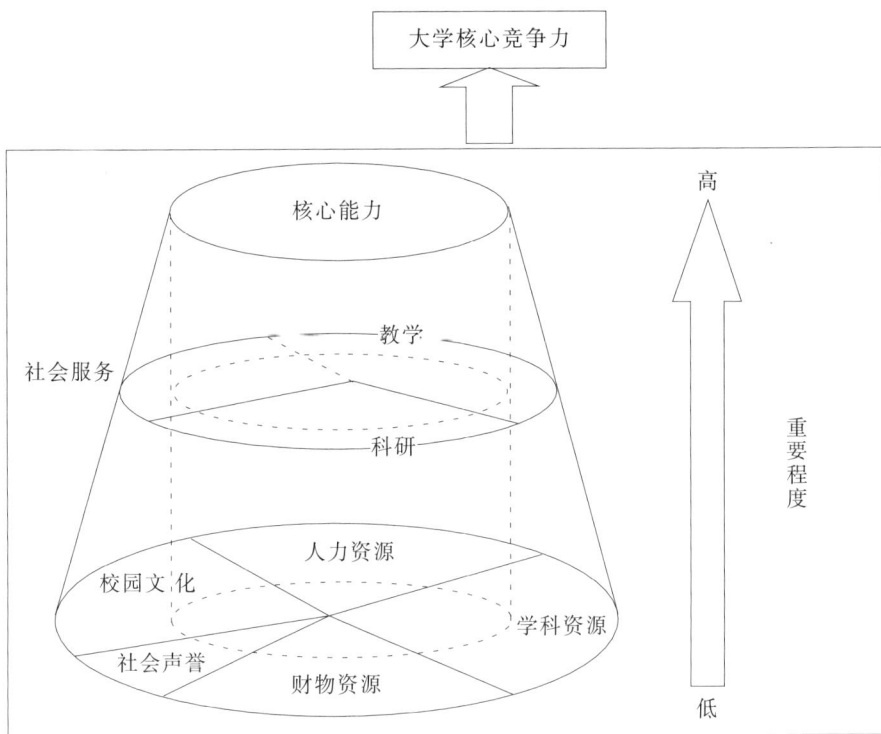

图 2 - 2   大学核心竞争力的形成结构模型①

毛亚庆、夏仕武的大学核心竞争力的形成结构模型由底层—中层—顶层三层次构成。底层以五大资源为基础，但五大资源相互包含和纠缠，很难说是并列关系；中层三大职能是支撑，顶层体现为核心能力。该模型构图简洁明了、逻辑清晰、层次分明，但尚未突出人力资源作为第一资源的

① 毛亚庆，夏仕武. 何谓大学核心竞争力［J］. 北京大学教育评论，2005（2）：109 - 110.

独特地位和校园文化的独特性质及与其他资源的交融关系，中层职能的具体建设内容及顶层核心能力的标志成果也尚未体现，这些有待进一步探索和阐明。

五、关于核心竞争力的研究概况

朱小娟认为，有关"国际竞争力"的研究经历了三个发展阶段。[①] 世界经济论坛（WEF）和瑞士国际管理发展学院（IMD）每年一度推出国际竞争力评价报告，从而使"国际竞争力"得以在理论和应用上逐步发展。对国际竞争力的研究大体经过了三个发展阶段，第一阶段是指20世纪80年代，这一阶段以经济竞争力作为关键要素，指标体系以"硬性"指标为主，指标体系松散且缺乏理论基础；第二阶段指20世纪90年代的"软指标"的全世界调查与8大要素评价指标体系的建立和成熟发展；第三阶段指2000年以后，国际竞争力评价报告注重以人为本、强调学习型社会和创新型社会中终身学习的价值，注重价值观的引领作用以及与企业价值互动等新的竞争力结构的形成，并运用新的信息化技术进行相关国际竞争力的分析，从而使国际竞争力报告蜚声世界。[②]

朱小娟指出了国际竞争力研究经历了松散型硬指标—体系化软指标—以人为本价值观的发展轨迹；也有研究指出，核心竞争力的研究经历了三个阶段，即资源基础化阶段、市场环境化阶段和组织制度化阶段。由此可见，核心竞争力的研究愈来愈重视人本身的发展及其组织文化价值观的重要性，本书以"以教师发展为本的文化资源建设"为机制的大学核心竞争力中介结构模型，与这一研究发展趋势相契合。

六、关于大学核心竞争力的激活机制

张卫良在论述大学核心竞争力的机制时，将"机制"理解为系统的基

① 朱小娟. 产业竞争力研究的理论、方法和应用 [D]. 北京：首都经济贸易大学，2004：4.
② 朱小娟. 产业竞争力研究的理论、方法和应用 [D]. 北京：首都经济贸易大学，2004：4.

于要素、结构和功能的某种关系和运行原理或机理。大学核心竞争力作为一个复杂的体系，同样具有特定的要素、结构、功能，并在此基础上形成互相间的内在关系和运行机理。他以中南大学为例，说明其核心竞争力是各能力要素的形成机制的复合体。① 毛亚庆、夏仕武认为，虽然资源要素在大学核心竞争力中处于基础地位，但在市场经济条件下，一般的资源并不是一种稀缺性或匮乏性因素，所以不是核心性要素。但大学中的师资资源不同于一般管理学上的人力资源，大学教师流动中的心理亲和力远远大于价格利益驱动力，大学学者更注重大学自由民主的精神理念、有利于专业成长的文化氛围、以人为本的制度设计，而不是只关注工资等物质性待遇。这就为大学师资资源"引得进、用得好和留得住"提供了理论及现实依据，从而为大学培育核心竞争力提供了基础。所以，大学核心竞争力的培植要从大学文化建设入手，激活大学精神，坚守大学理念，制定以人为本的保障和激励制度，最大程度保障教师良好的工作、研究和生活条件，最大限度促进教师专业发展，使大学成为教师的心灵家园和学术圣地，这才是大学获得核心竞争力和长远发展的根本。②

　　张卫良在其"中南大学核心竞争力结构图"中没有展示系统结构的机制，在表述中说明其机制就是"内在的构造、功能和相互关系"和"各能力要素的形成机制的复合体"，但对如何形成这种机制以及这种机制的有效载体的论述有待进一步明确、充实和完善；毛亚庆、夏仕武在其"大学核心竞争力的形成结构模型"中也未体现机制环节，在表述中涉及机制的部分就是"大学组织中的人力资源不同于其他行业中的人力资源……这就为大学保持自身人力资源优势、持久拥有核心竞争能力奠定了基础"，突出和强调了"人力资源"的独特性和重要性。以上学者的研究成果为本书建构以教师发展为本的文化资源建设机制提供了重要基础和启示。

① 张卫良. 大学核心竞争力理论与实践研究 [M]. 青岛：中国海洋大学出版社，2006：93.
② 毛亚庆，夏仕武. 何谓大学核心竞争力 [J]. 北京大学教育评论，2005（2）：109－110.

第二节　国外相关研究

1990 年，普拉海拉德和哈默在《哈佛商业评论》发表了一篇文章，他们把"核心竞争力"定义为技能和竞争力的组合，强调组织要实现长期持续的发展，就必须具有自己独特的核心竞争力。[①] 西方主要在工商业领域内来研究核心竞争力，归纳起来有以下观点：

一、能力观

该观点认为核心竞争力不是单一化的某个方面的能力，而是体系化、整体化的能力。这种能力表现在产品的开发、资源的获取和市场的拓展等诸多方面，具备核心竞争力是组织获得和保持竞争优势的奥秘所在。持该观点的学者以克里斯蒂森等为代表[②]，强调核心的竞争力是一种综合性的比较优势和竞争优势，通过组织的有效分工与合作来形成和发展其核心竞争力。[③]

二、环境观

环境观认为影响竞争的核心要素是组织外部的竞争者等社会、市场及科技等环境因素，其中市场结构对竞争产生重要影响。持这一观点的代表人物是美国管理学家迈克尔·波特，他建构了"五力竞争模型"，其中五大竞争要素是供应者、潜在业者、替代业者、购买者以及同业者；其理论包括三大基本战略理论，即差异化优势战略、成本优势战略和集中优势战略等。该观点主要强调与各种显在与潜在的竞争对手的竞争，从而获取比

---

① PARAHALAD C K, HAMEL G. The core competencies of the corporation [J]. Harvard Business Review, 1990.

② POST H A. Building a strategy on competencies [J]. Elservier Science. 1997 (30): 733 –735.

③ 王春玲. 大学核心竞争力的研究 [D]. 沈阳：辽宁工程技术大学经济管理学院，2006：13 –14.

较优势与绝对优势。

三、资源观

资源对竞争力的影响是显而易见的，因此，资源观也就成为核心竞争力研究的主流观点，也称为资源依赖观。持这一观点者不认同环境学派过于依赖环境因素的观点，认为完全依赖环境将导致核心战略随社会经济结构变化而波动，必然导致发展的波动性和难以预测性，不利于组织持续稳定的发展和预期。① 因此，该观点主张主要从组织自身内部而不是外部来发掘和重组竞争资源，从内部培植核心竞争力的要素，提升组织自身的核心竞争力和素质，从而获得组织自主发展的控制力，摆脱对外部环境与资源等不确定因素的依赖。

四、组织与系统观

组织与系统观的学者认为，核心竞争力是一个具有要素、结构，并在特定机制作用下而实现某种功能的系统，以更为系统、整体和整合的视角来看待核心竞争力。科克伯恩（Cockburn）和亨德森（Henderson）持有这种观点，他们认为核心竞争力由两种能力要素构成，即元件能力与构架能力，元件能力意为资源本身的竞争力，构架能力指的是组织对各种资源要素——文化、制度、资源等的有效整合能力。②

五、文化观

文化观认为核心竞争力不只存在于组织的资源或行为中，甚至也不只

---

① SANCHEZ R, HEENE A, THOMAS H. Dynamics of competence-based competition: theory and practice [J]. New Strategic Management, 1996 (7): 256 – 281.

② 李雪飞. 美国研究型大学竞争力发展策略研究 [D]. 上海：华东师范大学教育科学学院，2008：27.

存在于制度中，而是来源于组织文化之中。与资源及行为规范等显性的资源相比，隐性的文化、制度是一种"软实力"，更具有一种无处不在的凝聚力量和引领力量。核心竞争力是在先进的组织文化引领下，良好制度、资源和行为的有机结合。独特的文化是组织核心竞争力的源泉和持续发展的根本保证。佐罗（Zuro）和拉法（Lafa）是持这一观点的代表人物，该观点强调组织文化的引领作用以及氛围效果。①

第三节　现有研究的成就与不足

从以上梳理可以看出，自 20 世纪 60 年代以来，尤其是 90 年代以后，西方从管理学的角度对企业"核心竞争力"的研究已取得丰富成果并形成理论体系，归纳起来有 5 大学派，但尚未将其"移植"到高校办学领域，只是局限于将其"迁移"应用到个体某种能力的培养、发展等微观方面，从而使这一主要生发与应用于"组织宏观管理"的理论未能在高校管理方面发挥应有的作用与价值。在国内，企业界对这一理论进行了紧密追踪、跟进与改造。21 世纪初，高等教育界开始将其有效引入高教领域，并且主要集中于高校宏观管理领域，而不是局限于国外的个体能力发展的微观领域。至今为止，国内有"要素协同论"等 6 种观点。然而，综观国内外的相关研究，对其定义、本质、要素和体系的描述观点各异，尚未达成共识。总体来说，描述性定义居多，未能根据"属加种差"的科学定义法严格加以规范，缺乏一般性与普遍性；对其本质的揭示未能从多中见一，缺乏统整性与单一性；尤其是对其构成要素和结构体系的分析未能揭示出要素间相互关系的层次结构，体系缺乏逻辑性与整体性。这种理论上的歧见，必然导致对实践指导的乏力乃至误导。

事实上，高校既是一个环境依赖型组织，同时又是一个自主创生型组织，高校的内外环境、各种资源与要素等相互作用并对高校核心竞争力产生复杂的影响。因此，以上研究各自强调问题的某个要素或某个方面，是

---

① 童利忠，丁胜利，马继征. 企业核心竞争力新论：理论与案例［M］. 北京：人民邮电出版社，2006：10–12.

很有必要的，应该说取得了阶段性成果。但根据林善浪的观点，当前的理论研究已使高校核心竞争力进入了一个盲人摸象的阶段，核心竞争力到底是一种能力、一种资源、一种文化还是一种技术、一种组织制度，不同的学者理解相距甚远，以至于对核心竞争力问题的研讨到了一个混沌不清的阶段；同时，对竞争力的实践探索陷入一种马后炮的困境，即通过简单描述某个高校成功经验与失败个例来判定核心竞争力，在对竞争力的整体的和真正的把握上存在不足。理论困境与实践需要，呼唤一种从整体的层面加以把握并使竞争力及其形成机制逐渐清晰起来的理论，即既具有坚实理论基础又对实践具有决策性和操作性的、贯通理论与实践的体系化的"中层理论"。

第三章　理论基础与模型建构

第一节　中介论原理、来源与发展

一、中介论基本原理

所谓中介论，是指系统静态结构的中间环节或系统动态运行的中间过程的理论。由这一定义可知，中介论从属于贝塔朗菲的系统论。中介论源于马克思和黑格尔的辩证法理论。实质上，中介论方法和中介论思维是一种辩证的方法和辩证的思维。中介论具有丰富的内涵：

从系统的观点看，中介处于逻辑上"相邻"的两个系统的中间层次，是联系两个系统的纽带；从辩证法的矛盾的观点看，中介是矛盾的中间环节；从运动发展的观点看，中介是运动发展的"过程性"和"过渡性"流程，将运动发展过程的始与终，以及事物逻辑发展过程的原因与结果贯穿起来，从而形成完整的结构体系、发展脉络和逻辑链条。中介是位于两极之间的中介，对于化解两极对立、主客二分、非黑即白的"两极思维"，以及形上与形下、理论与实践的"两张皮""相互脱节"的问题等具有重要理论价值与实践意义。

二、中介论理论来源

中介论不是凭空"被发现"或"被创造"的理论，而是有着深厚的德国古典哲学和马克思主义经典作家以及中华传统文化的渊源。王鹏令在《论中介》一文中，认为"中介"一词为黑格尔首创，是其基本哲学概念。中介论是黑格尔哲学基本理论，在其整个理论体系中居于十分重要的地位。德语"中介"（Vermittlung）一词是指居间联系（介绍、连接），可引申为居间调解之意。① 黑格尔认为中介是系统中普遍存在的现象，中介现象在一切事物和概念中都客观存在。② 恩格斯十分认同黑格尔的"中介"观点，认为"一切差异都在中间阶段融合，一切对立都经过中间环节而互相过渡"。列宁也认为一切都是互为中介连成一体并通过转化而联系的。③归纳起来，"中介"在黑格尔哲学中具有如下含义：第一，事物联系的中间环节；第二，事物发展的中间过程；第三，对立两极之间的过渡与调解；第四，事物发展变化的桥梁、纽带和关键。通过含义丰富且逻辑自洽的"中介"概念，黑格尔将各个不同的甚至对立的事物和范畴紧密联系起来，从而使其辩证法理论体系结构与逻辑更加严密。

聂暾在著作《两极论与中介论》中，认为马克思在谈到黑格尔的"正题、反题、合题"的"三段式"中有一个"合题"的中介环节。聂暾认为中介论也发源于传统文化。孔子创立的中庸学说也蕴含着中介的思想，子曰："执其两端，用其中于民""过犹不及"。在孔子看来，过分和不及是没有恰到好处的，也是不可取的，只有适中才是可取的。孔子具有朴素的"三分法"思想，看到了事物的"过分、适中、不及"，并且是主张适中的。北宋政治家、思想家王安石说过："道立于二，成于三。"清末思想家、文学家龚自珍说过："万物之数括于三。"我国古代许多思想家都具有朴素的"三分法"的思想，这是我国思想宝库中的珍品。④

三、中介论的现代发展

国内研究中介论的学者主要有艾丰、聂暾和王鹏令等。在《中介论——改革方法论》中，艾丰将中介论的内涵拓展为11种理论观点⑤：即二三论、层次论、存在论、变化论、融化论、中性论、过程论、中观论、

---

① 转引自王鹏令. 论中介 [J]. 中国社会科学，1981（2）：151.
② 转引自王鹏令. 论中介 [J]. 中国社会科学，1981（2）：156.
③ 转引自王鹏令. 论中介 [J]. 中国社会科学，1981（2）：152.
④ 聂暾. 两极论与中介论 [M]. 南昌：江西人民出版社，2001：36.
⑤ 艾丰. 中介论：改革方法论 [M]. 昆明：云南人民出版社，1993：4.

媒介论、载体论、协调论。所谓二三论，意为事物从实质上看可一分为二，矛盾双方相互依存于一个统一体之中，但从存在的方式看，是一分为三的，在矛盾双方之间还有一个"中性的""灰色的""过渡的"地带。一分为二是事物性质（特别是最终性质）层次的哲学分析，一分为三是事物存在状态层次的哲学分析。从空间上说，有上、中、下；左、中、右；大，中，小。从时间上说，有过去、现在、未来。中介论的提出，首要的目的就是要承认一分为二和一分为三之间的内在联系，承认和找出它们之间的中介。一分为三的中介论的观点有利于揭示事物矛盾的相互联系和发展变化。[①]

　　借鉴艾丰的载体论，笔者认为，中介论还是一种平台论，就是为事物的变化发展提供一个各要素相互作用的平台或载体。平台（platform），最初是造船业中的一个概念，指在造船作业时为工作人员、设备以及相关材料的配合使用而搭建的水平板架，即工作台面。平台的作业模式后被应用于汽车工业，随着汽车工业的迅猛发展，平台的理念及其战略逐步流行开来，也使平台的概念有了更为丰富的内涵。技术性"平台"主要有三种类型：一是用于项目研究与开发的技术平台；二是用于复杂工程的综合性作业平台，用于整合行业科技、设备、人员和材料，能够优化生产流程并产生最大效益；三是用于系统自扩展、自维护的应用平台。为此，本书尝试给出平台的一般界定。所谓平台，就是指在一定理念指导下，连接供需双方一套整合资源、组织生产的基本构架和规则体系。其理念就是提供与保障核心价值，节减与优化创新交易成本。平台具有三大内涵与属性，一是模块。不是杂乱无序的拼盘与堆砌，而是在理念观照下的有机逻辑结构，具有空间逻辑的结构性、时间逻辑的有序性和生态逻辑的有机性。二是标准。就是一套多方共享的公开、公平、公正的游戏规则。三是界面。界面是相关利益各方参与中介的入口和门户，必须具有人本性与友好性，体现简洁、明了、友好的风格，以增强对参与各方的吸引力和服务性。平台的特征与功能为：基础性、支撑性、整合性、结构性、兼容性和发展性。这些主要特性决定了平台可以营造融洽、信任的氛围，可以包容多样性，方

　　① 聂暾. 两极论与中介论［M］. 南昌：江西人民出版社，2001：32.

便交流合作与发展伙伴关系，容易成为变革和创新的实验室。因此，平台作为一种杠杆或舞台，提供了相关利益方交流、合作或竞技的机会与现实性，是诞生创造性和提升效率的必要保障。

第二节　中介论在本书中的应用

一、中介论在教育领域的应用

哲学上的中介论理论资源被发掘以后，也得到教育学界学者的重视与积极应用，张应强、毛亚庆和周光礼等均有所借鉴与阐发。张应强认为，教育中介论的意义在于启迪中介思维、提供中介制度和建构中介组织。[①] 毛亚庆认为，教育中介论是克服两种对立的教育理论，即偏执一端反对另一端的非此即彼的二元机械对立的思维方式。[②] 周光礼认为教育中介论的意义就在于形成中层理论。教育理论作为一个体系或系统，具有层次性特征。依据理论与实践活动距离远近或实践性强弱不同，形成一种多级多层的"中层—中介"理论体系。由此可见，中层理论处于理论与实践的过渡地带，是链接理论与实践的桥梁与纽带。通过中层理论的依托和过渡作用，可以将教育理论更好地应用于教育实践，也可以将教育实践更好地升华为教育理论，因此，教育中层理论具有教育理论与实践之间的双向互动作用。中层理论是否丰富，是判定教育理论与实践关系是否合理的重要依据。[③]

二、中介论在本书中的具体应用

本书以中介理论作为理论基础，从大学核心竞争力最主要的两大成果和标志，即学生品质和学术贡献出发，逆证或倒推出两大支撑中介，即课

---

① 张应强. 大学的文化精神与使命 [M]. 合肥：安徽教育出版社，2008：419 - 421.
② 毛亚庆. 从两极到中介：科学主义教育和人本主义教育方法论研究 [M]. 北京：北京师范大学出版社，1999：181 - 183.
③ 周光礼. 政策分析与院校研究：中国高等教育研究的中层理论建构 [J]. 高等教育研究，2009（10）：42.

程建设体系中介和学科建设体系中介；由这两大中介逆证或倒推出教师是其建设的主体、支撑和第一资源这一关键点，再从教师这一关键支撑点、资源交汇点逆证、倒推或连接到以教师发展为本的五大文化资源建设，从而构建了"质量标志＋中介＋教师发展机制＋资源基础"的"中介型"结构，并阐明了以教师发展为本的五大文化资源建设机制。通过建构"质量标志＋中介＋教师发展机制＋资源基础"的"四位一体"大学核心竞争力系统结构，以及通过阐明以教师发展为本的五大文化资源建设的链接与转化机制，本书的基本理论——中介论的指导作用得以充分发挥和有效贯彻，从而使论证理论基础更为坚实；运用逆证或倒推方法，从大学核心竞争力的两大标志，倒推出两大中介、教师发展机制、五大文化资源建设，从而使论证框架更为简明完备，论证逻辑更为清晰严密。从大学核心竞争力概念及其定义出发，运用逆推法并经由一系列过程和环节环环相扣，大学核心竞争力中介论的结构理论体系得以较为完整构建与呈现。

本书基于"中介论"理论，实现"理论—功能（职能）—实践（发展）"的逻辑自洽。一是理论逻辑。本书基本观点、结论与"中介论"的理论相契合，因为"中介论"本身是研究主题和结论的基本组成部分，也是本书一以贯之的基本研究方法。二是职能（功能）逻辑。本书基本观点、结论与大学四大职能观相契合。高校核心竞争力两大中介——学科建设中介与课程建设中介，课程建设支撑起人才培养这一大学第一职能，学科建设支撑起科学研究这一大学第二职能，两大中介完全契合大学两大基本职能。大体而言，职能逻辑相当于功能逻辑。三是实践（发展）逻辑：本书基本观点、结论与现实高校的实践与发展机理——"重点学科与精品课程建设"相契合。现实中，国家部委和各高校方兴未艾的"重点学科与精品课程建设"，印证与遵循了"两大中介——学科建设中介与课程建设中介"的科学性、规律性及其重要地位。换言之，发展逻辑也就是实践逻辑。

例如，薛天祥认为，学科自从中世纪大学诞生之日起一直是大学的细胞，由此可见，学科是大学构成的基本要素，这是大学存在的组织基础。[①]

---

① 庞青山. 大学学科论［M］. 广州：广东教育出版社，2006：序言1.

中介的意义就在于通过使用者之间关系网络的建立，达到价值增值的目的。本书认为，大学核心竞争力的建设，以学科建设与课程建设为中介，目的就是建立一个各要素有机联系的生态圈，这个生态圈以学科建设为龙头，以课程建设为基础，以"以教师发展为本的文化资源建设"为机制和关键，从而达到汇集与开发文化资源，并通过学科课程中介和教师发展机制，将文化资源有效转化为最终产品——学生品质和学术贡献的目的。

第三节　大学核心竞争力模型建构

本书借鉴张卫良的中南大学核心竞争力结构模型和毛亚庆、夏仕武的大学核心竞争力结构模型的"三层次"结构，补充"以教师发展为本的文化资源建设机制"层次，通过文化性整合资源基础，以课程和学科建设两大中介充实和实现人才培养和科学研究两大职能，突出显示学生品质和学术贡献两大成果，牢固树立以人为本理念。依据本书关于大学核心竞争力的定义，及其质量标志、中介、教师发展机制、资源基础的基本内涵，大学核心竞争力的系统结构图景得以基本体现，这一结构较为清晰呈现出"质量标志＋中介＋教师发展机制＋资源基础"的"四位一体"的"中介型"体系结构，可用大学核心竞争力结构"金字塔"模型和大学核心竞争力结构"火箭"模型直观呈现。

一、大学核心竞争力结构"金字塔"模型

在图 3 - 1 所示的"金字塔"模型中，底层五大文化资源作为基础、同心协力牢牢支撑起以人为本的教师专业发展这一中介机制；教师既是资源供给的客体，又是课程体系和学科体系建设中介的主体，因此教师专业发展就成为将资源转化为课程和学科建设有效力量的中介机制；课程和学科体系建设两大中介分别支撑起学生品质和学术贡献两大质量成果与标志，从而筑起大学"双一流"建设的"金字塔"，形成并凸显大学核心竞争力。

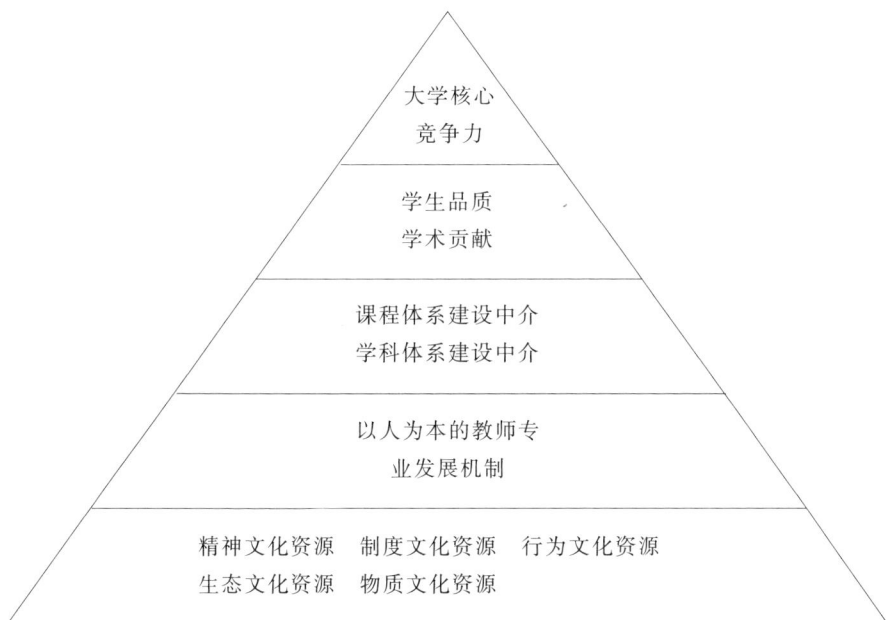

图 3－1　大学核心竞争力结构"金字塔"模型

二、大学核心竞争力结构"火箭"模型

在大学核心竞争力结构"火箭"模型中，五大文化资源作为动力燃料，以人为本的教师专业发展机制这一中介相当于发动机，为"火箭"的"中控中介"以及整体提供动力；课程和学科体系建设两大中介相当于"中控中介"，也是整个体系的"指挥中心"和"枢纽"，学生品质和学术贡献相当于"火箭"搭载的目的物。综观整个结构体系，目的物的达成与投放需要燃料——资源做条件，需要发动机——以人为本的教师专业发展机制提供动力，还需要"中控中介"——课程与学科体系建设中介提供指挥、集成、控制和支撑，从而达成目的物——学生品质和学术贡献的有效、精准投放，最终完成和体现"火箭"整体的"核心竞争力"和"战斗力"。

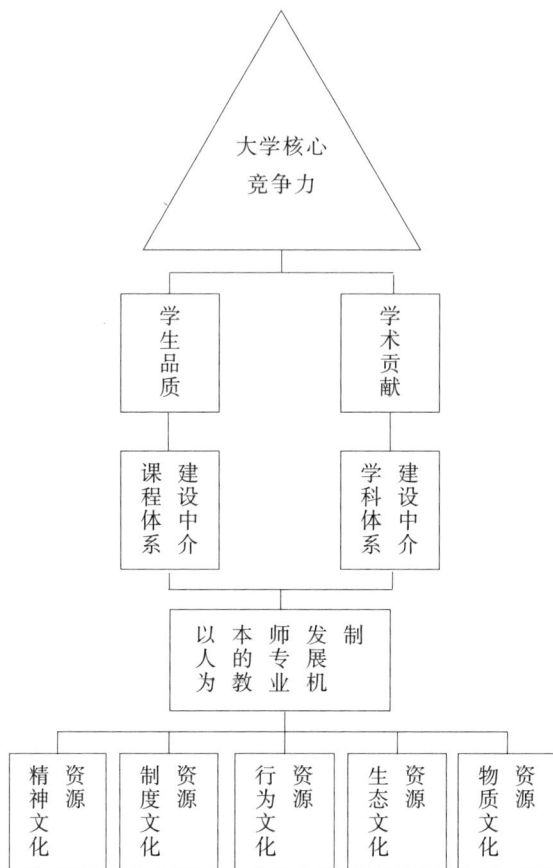

图 3-2　大学核心竞争力结构"火箭"模型

第四节　中介论的意义

中介是一种理论联系实践的环节，一种理论要有效指导实践，就必须通过一定的组织构架和制度设计，才能在理论指导下，运用一定的组织和制度手段有效地调动资源、发挥资源的作用从而达成目的。这种组织构架和制度设计，就被称为联系理论与实践的中介，或称为组织调动、有效利用资源而达成目的的中介。因此，中介的本质是一种组织构架和制度设计，是联系理论与实践，并将理论转化为实践以达成目的的纽带与桥梁。从中介论来看，如果缺乏中介，就会导致理论与实践的脱节与疏离，这一般有三种表现：

一是理论与实践"两张皮"，互不相干。由于缺乏中介的思维与模式，理论不能有效联系并指导实践，阳春白雪的理论与下里巴人的实践各自为政，已成为各学科需要不断解决的现象。值得注意的是，这一现象在与实践联系更为密切的教育学科尤为突出，已累及学科声誉，教育实践长期"摸着石头过河"导致问题丛生。"教育危机"如影随形，成为教育学界的隐忧与隐痛。

二是理论的傲慢与偏见，导致本本主义。理论研究片面追求高大上，或在跟踪和炒作国外教育理论和概念的陷阱中沾沾自喜，或在照搬和套用其他学科理论和概念的歧途上积重难返，忽视或藐视作为理论与实践纽带的中介组织制度的构建和设计，导致不少教育理论和概念成为学术圈内的自说自话，难以对实践产生积极有效的影响。

三是实践的盲目与盲动，导致经验主义。教育学科本来是一个多学科共同研究的领域，教育实践更是多主体、多学科共同参与的复杂社会性活动，向来就是泥沙俱下鱼龙混杂之地，在各方力量共同参与的同时，也导致教育实践经验和教训的甄别与提炼存在困难。教育实践成为理论指导的荒原与个人经验混战的战场。

中介论实质上是一种坚持"三分论"的辩证思维和整体思维，有利于克服"二分论"的形而上学的两极思维、对立思维和局部思维。实践证明，"一分为二"这个哲学命题的提出没有跳出传统的两极认识和两极思维方式的局限，它存在着一个明显缺陷，没有深刻而具体地回答对立面是怎样统一的，怎样处于统一体中，如何通过中介环节相互依存、联系、融合、贯通、过渡、斗争和转化等问题。

第四章 中介1："四元四维" 通识课程体系的建构

2018年6月21日，教育部在四川成都召开新时代全国高等学校本科教育工作会议，"改革开放40年，教育部召开全国会议专门研究部署高等学校本科教育工作是第一次"，这在我国大学本科教育历史中具有里程碑式意义。教育部陈宝生部长指出，"高教大计、本科为本，本科不牢、地动山摇"，这将本科教育的基础性、根本性、核心性提高到前所未有的高度和地位。通识教育既是一种教育思想，也是一种人才培养模式，其核心和关键是一种课程结构体系。只有落实到理论基础和逻辑结构完整自洽的课程体系上，才能形成较为稳定并具有特色的模式，也才能有效实现其教育目的、宗旨和理想。对什么是本科教育以及如何进行本科教育，以哈佛大学为代表的西方一流大学进行了不懈的探索并取得了积极成效。但是，"整个体系的内在逻辑不是特别清晰，缺乏明确的定位和边界"的问题依然存在，并未得到根本和有效的解决。由此也暴露了其核心课程体系理论来源和哲学基础的问题与困境。

课程体系建设的基础、核心和中介的地位已逐渐成为学界共识并引起积极关注。刘献君大力倡导"院校研究与建设"要落实到"课程研究与建设"上，强调"实现以学生为中心的本科教学变革，核心是要进行课程改革。课程是教育教学活动的基本依据，是实现教育目标的基本保证，是学校一切活动的中介"①。杨叔子也十分注重课程建设："离开作为知识传授载体的课程与活动，而去奢谈教育，那只是空话。"② 应该依据怎样的哲学

---

① 刘献君. 抓住四个关键问题 加强大学本科课程建设 [C] // "大学课程建设与本科教学改革"国际会议暨2014年中国高等教育学会院校研究分会年会论文集. 武汉：中国高等教育学会院校研究分会，2014：1.

② 杨叔子，余东升. 文化素质教育与通识教育之比较 [J]. 高等教育研究，2007（6）：3.

基础与理论来重建通识教育课程体系？毋庸置疑，这一问题已成为本科通识教育改革发展的"深水区"，也是"双一流"建设和"一流本科教育"建设绕不开的课题。

哲学总是"思想中所把握到的时代，是时代精神的精华"①。面对自工业社会以来科学理性主义甚嚣尘上所导致的种种危机，现代西方哲学家纷纷从古老智慧中探求答案，重新发掘了源自亚里士多德的实践智慧哲学和胡塞尔的生活世界理论，要求以生活实践世界的完整意义来祛除科学理性和学科逻辑对人及知识的完整性的撕裂与霸凌。现代西方哲学已经从总体上，由传统哲学以理论智慧为核心的哲学形态转换为以实践智慧为核心的哲学形态。② 哲学范式的当代转向呼唤通识教育课程体系建构范式的转向。在这一哲学时代转向背景下，建立在传统哲学"科学理性"基础上并以"学科逻辑"建构的"核心课程"体系，必然面临自身难以克服的困境和危机。以下拟提出建立在现代哲学"生活世界"基础上并以"生活实践逻辑"建构的"四元四维"通识教育课程体系。所谓"四元"，指学生社会实践的四个方面的能力，即学会做人、学会做事、学会学习、学会研究，"四维"指学生精神思维发展的四个层次的品质，即本体论（真）、认识论（善）、实践论（仁）、价值论（美）的全面统一与和谐发展。"四元四维"课程体系的构建，是走出西方通识教育"核心课程"体系困境的有益尝试，最终指向马克思实践哲学"人的全面发展"的教育目的和"人的自由解放"的社会理想。

第一节　哲学基础：生活世界理论

一、生活世界理论源流

生活世界理论是一个动态发展的理论，对其历史源流进行梳理，是正

---

① 孙正聿. 思想中的时代：当代哲学的理论自觉 [M]. 北京：北京师范大学出版社，2004：27.
② 丁立群，李卓，赵全洲. 实践哲学：传统与超越 [M]. 北京：北京师范大学出版社，2012：36 - 39.

确把握其实质的必要前提。一般认为，胡塞尔在《欧洲科学的危机和先验现象学》中首次提出了"生活世界"较为完整的理论，主要是针对现代化进程中科学知识对非科学经验的完全压制，学科知识的日益分化艰深对人的多种潜能的开发、对人格的完整和对生活复合体的真实品味构成了严重的威胁与挑战，科学世界作为人的创造物日益背离人的原初及如一的栖息地——生活世界，是导致人类人格分裂和人性丧失的根源。

胡塞尔依据人的生活方式的不同将生活世界划分为三个类型：日常生活世界、职业生活世界和科学生活世界，并阐明它们之间的相互联系。[①] 从生活世界三领域划分来看，胡塞尔并没有将科学世界完全排除在生活世界之外或者说将二者完全绝对对立，而是反对科学世界对生活世界的主宰、取代、僭越、霸凌或压制，是对科学世界的涵容或扬弃与对本真生活世界的回归。但是，胡塞尔一方面强调生活世界是包括物质和精神生活世界的统一体，也是观念世界的原生地域归宿地；另一方面又强调康德式的先验意识的超越性，这无疑使得他的生活世界哲学难以自圆其说，陷入先验与后验的矛盾境地。

哈贝马斯以包含在生活世界之内的"内在超越"，实现了对胡塞尔先验意识对生活世界的"外在超越"的克服，从而维护了生活世界自身内在的自足与完满。哈贝马斯继承与超越了胡塞尔的生活世界理论，通过他倡导的"在生活世界之中"的"主体间"的"交往行为理论"，实现了"内在超越"，从而发展了胡塞尔的生活世界理论，这也是对马克思主义的实践哲学的维护与丰富。[②]

"哲学是时代精神的精华"，哲学向生活世界的转向与回归是 21 世纪的鲜明时代特征。梳理哲学发展史可以发现，哲学从古希腊的本体论，到近代康德等的方法论、认识论，再到 19 世纪前后的真理观，直到 20 世纪以维特根斯坦为代表的语言分析哲学，再到 21 世纪由胡塞尔、哈贝马斯的向生活世界的回归与转向，展现了哲学从日常生活的反思出发，再到远离

---

① 张庆熊. "生活世界的本体论"与"实践的一元论"：兼论胡塞尔的本体论思想对马克思主义有关本体论研究的意义 [J]. 马克思主义与现实，2009（3）：108.

② 张庆熊. "生活世界的本体论"与"实践的一元论"：兼论胡塞尔的本体论思想对马克思主义有关本体论研究的意义 [J]. 马克思主义与现实，2009（3）：113.

日常生活的精神和意识与语言问题的探究，直到开始关心、贴近日常生活的发展轨迹。"理论是灰色的，生活之树常青"。研究生活哲学，不只有助于哲学的发展，也有助于揭示生活的真谛。①

二、当代哲学转向：从"理性主义——学科逻辑"转向"生活世界——实践逻辑"

学科逻辑是一种基于理性主义与学科知识的逻辑，它以人为中介或手段，以知识为出发点与目的、归宿。知识作为人类的发现物或创造物，是人类信息与智慧的沉淀与固化，依托于一定的存储媒体与介质，而获得了类似于人类信息与智慧的化石的特性，成为一定程度上游离于人类自身的一种存在，并植根、寄生于人的传承与好奇本性而具有一种自我复制、自我扩张与自我更新的功能，体现为一种学科逻辑而使人类不觉深陷其中。这种学科逻辑的顺序与功能是"现有知识—课程—知识发展"，它无疑有利于知识的创新与发展，一方面使人类享受其利，但另一方面也隐藏着肢解知识整体性，使知识碎片化，以及使危及人类生存的知识失控的危险。如果人的生活智慧、主体性和控制力得不到培育与彰显，某些知识就会最终成为人的异化物与魔咒，进而奴役、控制甚至毁灭人本身。科学方法的好处是最大限度的精密性和准确性。但是，正如我们所看到的，专业主义作为一种教育力量有其局限性，即它通常并不提供对总体关系的理解。②这个时代所面临的挑战之一就是要在学生中唤起概念和日常行为之间的关联感，这样他们的意志将支持他们的心智所接受的内容，尤其对于那些认为生活首先就是行动的人来说，这是无比重要的。③学科课程强调知识的学科性传承，这种科学化的课程模式极大促进了科学发展和社会的科学化，但随着科技的发展，其弊端也日益显现：人的主体性受到遮蔽，人的

---

①　李湘德，张相轮．"日常生活哲学"研讨会在南京召开［J］．自然辩证法研究，2000（10）：72．

②　哈佛委员会．哈佛通识教育红皮书［M］．李曼丽，译．北京：北京大学出版社，2010：43．

③　哈佛委员会．哈佛通识教育红皮书［M］．李曼丽，译．北京：北京大学出版社，2010：75．

完整性和社会整体性受到撕裂，知识整体性及其有机联系出现断裂，人的本质及其生活受到异化，文化出现对立，人的精神价值及其理想信念丧失。

生活实践逻辑是一种基于生活世界和实践智慧的逻辑，它意味着活动和行为进程中的思维方法和规则，生活实践逻辑应该是人与外部世界的统一。生活实践逻辑是一种基于人的，以人为本的逻辑，它以学科知识为中介或手段，以人、人的生活、人的生存与发展作为出发点与目的、归宿。亚里士多德将人类行为模式一分为三：理论（或精神生产）、实践（或生活）、制作（或物质生产）。不难发现，正是实践在理论与制作之间的中介与桥梁作用，实现了人类行为"三位一体"的统一。如果说理论（或精神生产）对应的是信念或信仰，制作（或物质生产）对应的是科学或知识，那么实践（或生活）对应的是人的实践智慧或生活智慧，这种人的实践智慧或生活智慧是连接信仰信念与科学知识之间的中介与桥梁；"三位一体"的人类行为活动也就是人的实践、生活智慧基于人类自身现状，创造并灵活运用理论去指导制作、基于信仰信念去发现与驾驭科学知识的过程。因此，实践逻辑或生活逻辑的顺序是：人的需要—课程—人的发展，人的需要是生活着的活生生的人的生存与发展需要，也即人的社会化与现代化的需要，也即人的"类化"的需要。可见，实践逻辑是一种基于人的，以人为本的逻辑，它以学科知识为中介或手段，以人、人的生活、人的生存与发展为出发点与目的、归宿。

三、马克思生活世界理论实质及其教育意蕴

"生活"在马克思的经典著作中是非常重要的概念，对生活的反思贯穿于马克思理论探索的全过程。马克思的"生活世界"超越了胡塞尔，不是针对微观局部的知识"学科化"及"科学化"对人类整体生活经验的抽离与割裂，而是在更为基本普遍的层面上针对人的教育的分化与职业劳动

的分化而导致的人的异化而提出的。①

马克思的"生活世界"也同样超越了哈贝马斯,其内在超越不是微观局部的"交往行为理论",而是宏阔庄严、主客互动的实践一元论。生活世界的本质是人与自身、人与他人、人与社会、人与自然等互动的实践活动,人在实践活动中改造客观世界的同时,也改造了自身的主观世界,从而在实践中实现了主客观的统一和双重的改造。②

马克思指出,人的自由而全面发展只有共产主义社会才能实现。马克思认为:"个人的全面发展,只有到了外部世界对个人才能的实际发展所起的推动作用为个人本身所驾驭的时候,才不再是理想、责任等等。"在《共产党宣言》中,马克思阐明了共产主义的特征:"在那里,每个人的自由发展是一切人的自由发展的条件。"③ 在《资本论》中指出共产主义社会是"以每个人的全面而自由发展为基本原则的社会形式"④。在当代社会条件下,我们认为,马克思的人的全面自由发展的目的的实现,不能消极依赖于国家制度层面的变革,或者等待共产主义的实现而自动实现,而应该通过教育积极主动的作为,观念的改造引领作用以及教育的中介、催化作用去积极和有效地实现。社会的改造首先是教育的改造,在观念中、在教育中驾驭人的全面发展的要素并构建"四元四维"的通识教育课程体系,为实现每个人的自由选择和全面发展提供制度性资源供给。

在人类的一切实践活动中,马克思强调生产劳动是最基本的社会活动方式,生产力和生产关系的矛盾是最基本的社会矛盾,这一论断为社会的发展史提供了一条基本线索。马克思的"生活世界"以实现每个人的自由而全面发展为价值目标,将人与自然之间、人与社会之间、人与自身之间的和谐统一作为主要的理论内容。因此,各学科在建构自身的回归道路时,必须关照人的个性与社会关系的发展。在高教领域,就是人的不断增

---

① 王光秀. 马克思生活世界理论研究 [D]. 济南:山东大学,2013:112.

② 张庆熊."生活世界的本体论"与"实践的一元论":兼论胡塞尔的本体论思想对马克思主义有关本体论研究的意义 [J]. 马克思主义与现实,2009(3):113.

③ 中共中央马克思恩格斯列宁斯大林著作编译局. 马克思恩格斯文集:第2卷 [M]. 北京:人民出版社,2009:53.

④ 中共中央马克思恩格斯列宁斯大林著作编译局. 马克思恩格斯全集:第23卷 [M]. 北京:人民出版社,1972:649.

长的全面发展的需要与落后的课程设计以及相关条件资源保障之间的矛盾。课程体系设计，既是人才培养的指南与基石，同时也是教师专业发展的依托与抓手，是师生互动教学相长的共同中介。但因其处于课程理念与课程实施的中介性，增加了其实践性和复杂性，从而成为教育研究和教学改革的"深水区"。

生活的哲学与哲学的生活密不可分。体现了对生活与教育关系的深刻理解，我国著名教育家陶行知先生的"生活教育观"与其导师——美国实用主义哲学家、教育家杜威的"教育即生活"思想一脉相承，他的"生活即教育，社会即学校，教学做合一"三大主张，深刻阐明了教育与生活的密切联系与丰富内涵。生活教育观的宗旨在于让人学会创造生活、学会热爱生活。①

生活世界理论的基本宗旨与教育目的的高度契合，充分说明教育既是生活世界的重要组成部分，也是人回归生活家园和实现人的解放的重要途径。确证了原初的、丰富的、实践的生活世界是教育的根基和理论来源，只有将课程体系植根于鲜活的生活世界，才能使教育充满生机，实现人的全面自由发展的最终目的。

第二节　现实问题：质疑与困境

一、教育学科对生活世界理论的借鉴与质疑

马克思的"生活世界"向各具体学科展现了生活世界的真实图景，为各学科向生活世界的回归提供了理论参考，② 教育学科也不例外，尝试借鉴生活世界理论来解释相关教育问题。潘斌认为，在现代性境遇下，以技术科学和自然科学为主导的形而上学与科学世界联姻，出现了形而上学科学化和科学形而上学化的趋势，使得生活世界与教育逐渐走向对立状态。③

---

① 李湘德，张相轮."日常生活哲学"研讨会在南京召开 [J]. 自然辩证法研究，2000（10）：72.
② 王光秀. 马克思生活世界理论研究 [D]. 济南：山东大学，2013：200.
③ 潘斌. 论教育回归生活世界 [J]. 高等教育研究，2006（5）：9.

他强调，教育转向与回归生活世界，从观念层面来看，根本上应建构正确的教育价值观；从实践上看，有三条实现途径，首先，积极开展生命教育。其次，大力倡导生活教育。最后，不断加强人文教育。①

在借鉴、移植生活世界理论的同时，教育学人士也对此提出了质疑。郭华博士认为教育学科对生活世界理论的借鉴和移植，首先，在理论上陷入困境、在实践中的问题解决上"搁浅"，他认为教学既无法回归现象学哲学意义上的"生活世界"，也同样不能回归经验意义上的"生活世界"，教学论不能实行西方现代哲学所谓的"转向"；其次，他认为这种移植是借用西方视角对中国教学问题的误读误判。②

其实，生活世界是一个不断丰富和发展的理论，不同时期哲学家从不同的视角给予了多种不同的阐释，以致相互之间的矛盾性甚至自身表述的矛盾性也不少见。这种矛盾性和哲学理论固有的复杂性，无疑给其他学科的借鉴和移植带来一定的难度。如果不对其实质作纵向历史性的分析和横向整体性的辩证把握，就有可能出现只见树木不见森林的情况，或陷入错综复杂"理论丛林"的迷雾之中。其实，教育要想获得坚实的根基和发展的动力，必须经常返回到生活世界中来。教育与生活世界应该而且能够互相融通。③

二、素质教育与通识教育之争及其课程体系困境

在学习与引进西方通识教育过程中，国内出现了素质教育与通识教育两种不同的呼声。素质教育的拥护者认为，通识教育存在如下不足，一是通识教育的核心通识课程体系组织构架的科学性有待证明，其哲学基础和理论来源缺乏说服力；二是通识教育在学生健全人格的形成上有缺陷；三是意识形态的顾虑及与现实课程体系的抵牾。然而，素质教育自身也面临诸多困境，举步维艰，表现为：一是核心课程建设不足，二是尚未形成较

① 潘斌. 论教育回归生活世界 [J]. 高等教育研究, 2006 (5)：11.
② 潘斌. 论教育回归生活世界 [J]. 高等教育研究, 2006 (5)：10.
③ 郭华. 评教学"回归生活世界" [J]. 教育学报, 2005 (2)：21.

为完整成熟的体系，难以实施，三是单门课程组织实施缺乏标准，难以普遍推广和有效实施。两种思想的冲突，导致目前教育理论与实践上的无序与混乱。① 当今社会，通识教育和文化素质教育遇到的是共同的难题和阻力，而最大的难题正是课程的科学规划和有效组织。②

总之，通识教育课程体系改革的出路，在于其哲学基础和理论根基从学科领域向生活场域的转向与回归。通识教育囿于学科范式，试图通过组合、运作学科化的知识来达到"去学科化"甚至"反学科化"，无异于缘木求鱼，如同"手扯头发使自己离开地面"一般荒谬，不可能达至通识教育的三大目的。唯有将课程体系植根于原初的生活世界或生活场域之上，才可能真正"去学科化"和"去碎片化"，从而回归"生活化"，最终实现人的全面发展的教育目的。

三、"核心课程"体系建构的逻辑、困境及其转向

目前美国高校的通识教育主要有三种模式。第一种是以哥伦比亚大学和芝加哥大学为代表的遵循"通"而非"精"的原则的概论型或名著阅读型模式；第二种是以耶鲁大学为代表的分布式课程模式，需要学生从不同的院系中选择课程，探索不同学科的学习方法和内容；第三种是以哈佛大学为代表的"核心课程"模式，它综合了第一、第二种模式的优点，是西方通识教育课程的经典模式。

2002年，哈佛大学启动了新一轮通识教育改革，并于2007年公布《通识教育特别工作组报告》（*Report of the Task Force on General Education*），将原来核心课程的七大领域改为通识教育计划的8大领域。按照旧方案，每一个哈佛大学本科生均可以从自身兴趣出发，在通识教育8大门类的每个分类中，各选择一门课程进行学习。这种课程体系的课程范围比较广泛，基本涵盖了各个领域，但整个体系的内在逻辑不是特别清晰。

① 庞海芍. 台湾高校的通识教育及其对大陆高校文化素质教育的启示［J］. 教育与职业，2010（5）：19.

② 张亚群. 大学素质教育：通识教育的特殊形态［J］. 中国地质大学学报（社会科学版），2013（1）：28.

　　对此，哈佛大学在最新出台的通识教育方案中做出改变，将原来通识教育计划的"8 大领域"改为"4 + 3 + 1"的新课程模式，包括 4 门必修通识课程（General Education Courses）、3 门分布式课程（Distribution Courses）和 1 门实证与数学推理课程（Empirical & Mathematical Reasoning）。具体而言，哈佛大学本科生需要从"伦理与公民"（Ethics & Civics）、"美学与文化"（Aesthetics & Culture）、"社会科学技术"（Science & Technology in Society）、"历史、社会、个人"（Histories，Socities，Individuals）等领域中，分别选出 1 门必修通识课。3 门分布式课程则对应"社会科学"（Social Science）、"艺术与人文"（Arts & Humanities）和"科学与工程"（Science & Engineering）等领域。学生需从保尔森工程与应用科学学院（SEAS）和艺术与科学学院（FAS）下属的 3 个院系中各修 1 门分布式课程。改革后，"实证与数学推理"作为一个课程类别被独立出来，体现出哈佛大学对学生数理量化分析能力的重视。但"内在逻辑不清晰、缺乏明确的定位和边界，内容混杂的问题"并未得到有效解决。

　　通识教育起源于古希腊的"自由教育"（Liberal Arts），又称"博雅教育"，核心精神在于倡导人的自由和谐发展，培养学生树立正确的价值观和世界观，成为一个"完整的人"。《哈佛通识教育红皮书》明确指出，通识教育应着重培养人"有效的思考、交流思想、作出恰当判断以及辨别价值"这四种能力，通识教育课程应包括"自然科学、社会科学和人文科学"三大领域。不难发现，不论是现行教改的"8 大领域"或"4 + 3 + 1"领域，还是《哈佛通识教育红皮书》要求的"自然科学、社会科学、人文科学"三大领域，哈佛大学"核心课程"体系完全是依据现有学科体系，也就是按照"学科逻辑"建构而成的，其深层哲学基础是"科学理性主义"哲学，是一种知识本位主义的哲学观。

　　具体而言，哈佛大学"核心课程"体系所依据的"科学理性主义"哲学包括两种教育思想，其一是要素主义（essentialism education）教育思想，其产生于 1938 年美国巴格莱等人成立"要素主义者促进美国教育委员会"后。这一思想认为人类文化遗产里包含所谓"永恒不变"的"共同要素"，应当把它规定为教学内容，系统地传授给学生。20 世纪 60 年代以哈佛大学校长科南特和里科弗等为其主要代表。其二为永恒主义教育（perennial-ism education）思想。其产生于 20 世纪 30 年代，主要代表有美国赫钦斯和 M. J. 阿德勒、英国利文斯通、法国阿兰等。以复古为特征，坚持欧洲文艺复兴时期人文主义教育的传统，主张"回到柏拉图""回到古人那里去"。认为理性是所有人共有的最高特性，因此教育的主要目的是培养有理性的公民，发展永恒的人性和倡导理智的运用，提倡多读经典著作，帮助年轻人发现永恒的原则。① 显而易见，不论是要素主义教育思想，还是永恒主义教育思想，都是一种基于科学理性和学科知识教育的思想，与当代"生活世界"哲学、"实践逻辑"以及"人本主义"哲学观相背离，其指向只能是"知识的发展"，而不可能达至"完整的人"的教育目的。

依据马克思"生活世界"理论，从"实践逻辑"出发，人的发展包括"社会实践能力发展"与"思维精神层次发展"两大方面。应该以现实的、活生生的人类社会"生活实践领域"去统摄和整合"学科领域"，而以学科领域来支撑、说明、改造、完善生活实践领域，为人自身及其现实的社会生活需求服务。生活世界是源，学科领域是流。学科领域是第二位的，处于从属地位。核心课程 8 大领域的学科化与工具化，不仅背离了现时代人本化以及学习型、研究型社会的现实与需求，而且制约了人的思维与精神发展的层次性、全面性与纵深性，导致人的思维与精神发展的残缺与畸形。学科逻辑与科学理性，不仅撕裂、阉割了人的"社会实践能力发展"的完整领域，同时也撕裂和阉割了人的"思维精神层次发展"的完整层次，从而使人"不完整"，难以达至通识教育的宗旨与目的。

第三节 理论来源：教育四支柱原则

为纪念联合国教科文组织成立 50 周年，教育科学出版社于 1996 年开始出版"联合国教科文组织教育丛书"，其中最重要的一本教育文献是

---

① 杜成宪，郑金洲. 大辞海：教育卷 [M]. 上海：上海辞书出版社，2014：726.

《教育：财富蕴藏其中：国际21世纪教育委员会报告》。[①] 面对未来社会的发展，报告认为教育必须围绕四种基本的学习能力来重新设计、重新组织。这四种基本学习能力也被称为教育的四大支柱：

第一，学知（learning to know），即掌握认识世界的工具。途径是将掌握足够广泛的普通知识与深入研究少数学科结合起来。第二，学做（learning to do），即学会在一定的环境中工作。强调"从技能、资格到能力"的转变。第三，学会共同生活（learning to live together），培养人类活动中的参与和合作精神。第四，学会生存（learning to be），以适应和改造自己的环境。以便更充分地发展自己的人格，并能以不断增强的自主性、判断力和个人责任感来行动。[②]

依据这四大支柱来设计课程，在充分尊重多元化的情况下，促使每个人将其思想和精神境界提高到普遍行为模式和在某种程度上超越自我的高度，就有可能实现教育目的与手段的统一，不仅有利于增长知识与技能，而且有利于促进个人对自身、他人、社会、自然等生存环境的理解并建立和谐的关系，委员会审慎强调，这关系到人类的生存与发展的基本问题。[③]

第四节　"四元四维"课程体系的建构

时至今日，应该说通识教育的重要作用及重大意义已取得国际共识，至少是理论上的共识，犹如"松间明月"，澄明清澈，然而，现实状况与实践过程的复杂情形却是"疏影横斜"，呈现出繁复斑驳的色调，但又总是"暗香浮动"，挥之不去。当然，这并不意味着理论的偏差，而是说明，对理论的彻底性、真理性追求是一个无止境的过程，以及从理论到实践的"第二次飞跃"的"过程性"和"智慧性"，因为，如果说从实践上升到

---

① 联合国教科文组织教育丛书编委会. 教育：财富蕴藏其中：国际21世纪教育委员会报告 [M]. 北京：教育科学出版社，1996：前言1.

② 联合国教科文组织教育丛书编委会. 教育：财富蕴藏其中：国际21世纪教育委员会报告 [M]. 北京：教育科学出版社，1996：875.

③ 联合国教科文组织教育丛书编委会. 教育：财富蕴藏其中：国际21世纪教育委员会报告 [M]. 北京：教育科学出版社，1996：5.

理论是一个充满"辩证思维"的理论抽象、升华过程，那么，从理论再回到实践，则是一个充满"实践智慧"的实践策略、举措过程。问题不是要不要通识教育，而是需要什么样的通识教育，以及怎样实施？

教育的四大支柱给人的社会行为交往活动领域的划分提供了重要的借鉴与启示。依据马克思关于生活世界"是物质生活与精神生活、日常生活与非日常生活的和谐统一"的观点，以及胡塞尔"日常生活、职业生活、科学生活"生活世界三大类型划分的观点，以及现代社会正由学习型、知识型社会向研究型、智慧型社会过渡的时代特征，从高等教育的视角，可以将生活世界划分为四个领域或场域，即学会做人、学会做事、学会学习、学会研究。"做人"或"成为全面发展的人"是马克思人的全面发展的教育理想与社会理想的终极目的，"做人"就是"人与自然、社会、自身的和谐共生"，可见，"学会做人"涵盖了"学会生存"和"学会共同生活"的内容；"学会做事"是专业知识、专业资格和专业能力的统一；胡塞尔的"生活世界"不光有"职业生活"，还有"科学生活"，现代社会是一个学习型的知识社会，认知也是学习的一个途径或者方面，终身学习已成为新的思潮，那么，用"学会学习"来替代学会认知则更具时代性与涵容性；现代社会由"学习型"向"研究型"、由"知识型"向"智慧型"过渡和迈进是必然的趋势，"研究""创新""学术"必将甚至已经成为一种主流的生活方式和"新常态"，所以，"学会研究"应该成为"人的现代化"的必然选项。

马克思的"生活世界"是"物质生活与精神生活"的和谐统一。马克思实践一元论中，人之所以在改造客观世界的同时实现主观世界的改造，依据的是人对自身的反思，从而实现对自我的超越，从"本我"跃迁到"超我"，从本质上看，"人也不是一种纯粹的社会性与现实性的存在。在最终发展的意义和最终的层次上，人是一种思维、反思并信仰着的存在"①。因此，价值观及其哲学的反思与追问是教育教学与课程安排的不可或缺的重要内容，是人的精神生活和精神成长的重要方面，是不可或缺的思想维度。对值得探究的事物，都应该有一种哲学的审视与反思，不光

---

① 陈明. 教育研究之三境界 [J]. 教育理论与实践，2015（32）：5.

"知其然"还要"知其所以然",追问"是什么""为什么"和"怎么办"。正如苏格拉底所言:"一种未经审视与反思的生活是不值得过的生活。"显然,"一种未经审视与反思的生活"不是"人的生活",那个"生活世界"就不是"人的生活世界",而只能是导致人的异化的"非人的生活世界"。

"是什么"指对事物本质进行"本体论"追问,是"求真";"为什么"是反思事物之间尤其是事物与人之间的关系,因为"人是目的""人是万物的尺度",是一种"价值论"的探寻,追求的是一种和谐"完美";"怎么办"包含两个维度,一是"如何知",是"认识论"的追问;二是"如何行"或"如何做",是一种"实践论"的探索。

如上所述,"学会做人""学会做事""学会学习""学会研究"构成了"四元",也就是人的生活世界的四个社会活动领域或场域;"是什么""为什么""如何知""如何行"构成了"四维",也就是人的生活世界的四个思维活动的维度或向度。依据马克思的"生活世界"理论,对教育的四大支柱原则进行改造与重构,形成涵盖社会活动与思维活动、物质与精神、日常生活、职业生活与科学生活的完整统一的"四元四维"通识教育课程体系。

一、"四元四维"课程体系的结构模型

马克思的"生活世界—实践逻辑"理论包括人的精神生活世界、实践生活世界和物质生活世界三个层面。基于这一理论,结合联合国教科文组织提出的教育四大支柱原则,构建通识课程体系的"四元",即指学生基于社会生活实践和物质生产实践的四个领域或方面的能力——学会做人、学会做事、学会学习、学会研究。学会做人融合了四大支柱原则的学会生存和学会共同生活原则,学会做事源于学做原则,学会学习基于学知原则,基于现代社会创新和研究的要求愈来愈突出,适应由学习型社会向研究型社会发展的趋势,增加了学会研究这一领域或方面的能力要求。基于马克思"生活世界—实践逻辑"理论人的精神生活世界层面,构建通识课程体系的"四维",即指学生精神思维发展的四个层次与品质—本体论

（真）、认识论（善）、实践论（仁）、价值论（美）。"四元"领域与"四维"层次，内部要素自成逻辑，相互间要素也一一对应，体现自洽的结构与逻辑，也蕴含丰富的内涵。

（一）"四元四维"课程体系空间结构圆锥模型

从空间结构上看，"四元四维"通识教育课程体系结构，是一个以四元为底面以四维为腰或高的"四元四维""圆锥体"结构模型。这一圆锥体模型基于人的社会与思维相统一的真实"生活世界"场景，导向"人的全面发展"的最终目的。如图4-1所示：

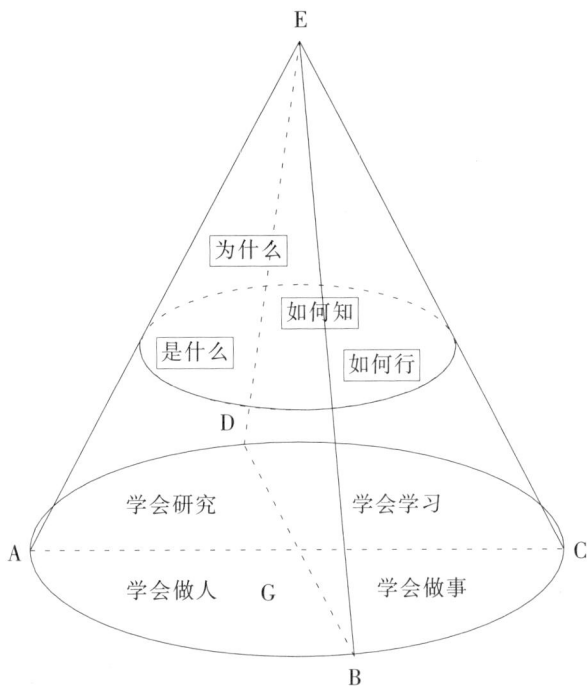

图4-1 "四元四维"通识课程体系空间结构圆锥模型

（二）"四元四维"课程体系逻辑结构矩阵模型

从逻辑结构上看，"四元四维"通识教育课程体系结构的四元与思维具有对应关系，即学会做人与为什么、学会做事与如何行、学会学习与如何知、学会研究与是什么相对应;基于人的精神、反思生活世界维度的四维与哲学的本体论、认识论、实践论和价值论具有对应关系,即是什么与本体论、如何知与认识论、如何行与实践论、为什么与价值论相对应,以求真、至善、得仁和完美为最终目的和追求,实现全面发展的最终目的以及真、善、仁、美的完美统一。这一逻辑结构体现为由八大要素及其相互关系交织而成的网络矩阵结构模型。如图 4-2 所示:

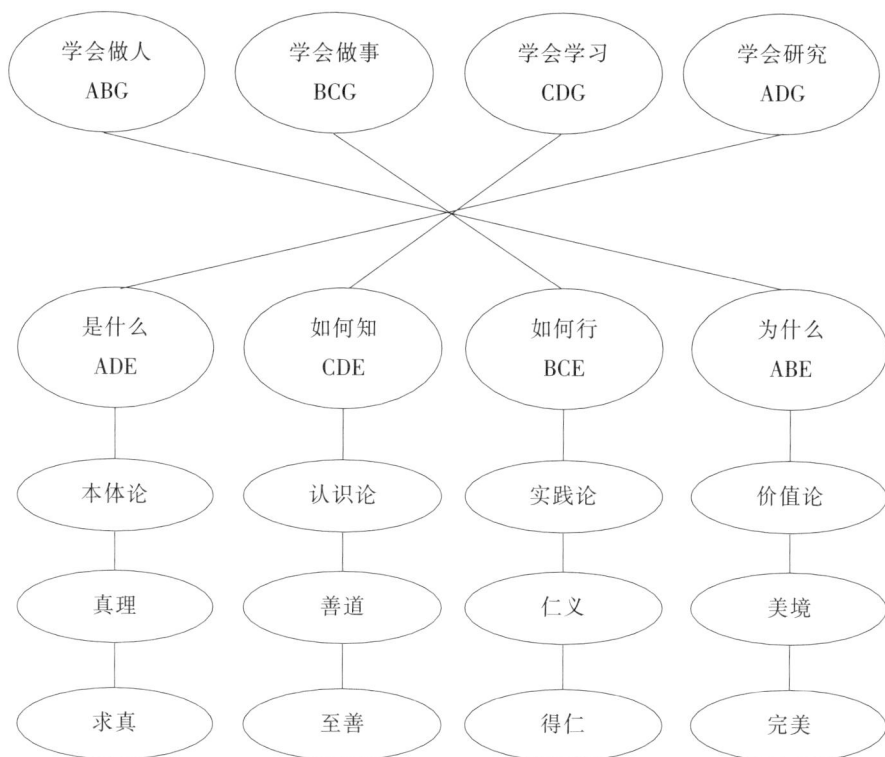

图 4-2 "四元四维"通识课程体系逻辑结构矩阵模型

二、"四元四维"课程体系的要素内涵与内在逻辑

"四元四维"通识课程体系包含四元与四维八大要素,其中四元与四维具有相互对应关系,展现出丰富内涵。

（一）学会做人与价值论关怀：臻于完美

"学会做人"，就是学会如何自处、如何处人、如何处世，最终达至与天地互参、天地人和合归一的学问。以认识你自己为始终，其与"为什么"维度相对应。"为什么"是一种"价值论"的追求，反思事物之间的关系，尤其是与人的关系。人是万物的尺度，人以自身为出发点和归宿，也为最终目的和意义，这是"以人为本"的"人的主体性"的人格和人性使然。以和谐的"美境"为追求，以"完美"为旨趣及境界。

学会做人是教育的第一要义。第一，学会做人要全面理解人与自身、人与他人、人与社会、人与自然的多重关系，并把握他们之间的密切联系。人与自身的关系与人与自然、人与社会的关系是密切联系、同时存在的。马克思认为："一般地说，人对自身的任何关系，只有通过人对他人的关系才得到实现和表现。"人与自身的对象性关系是人与自然、人与社会的对象性关系的前提，而后二者则是人与自身对象性关系得以体现和实现的条件。人生活在自然界和社会之中，与自然界和社会发生各种关系的人才是真实存在的人，才能发展人与自身的关系。实践是人的类本质，也是人的存在方式，人总是通过实践来满足自身需要。与自身关系在本质上是一种对象性关系，这种对象性关系只有通过人与自然、人与社会的关系才能得到体现和实现。人与自然、人与社会、人与自身三者之间是密切联系、同生共存的关系，它们互相支持、互相制约，构成生活世界的三重立体维度，支撑着整个生活世界大厦的结构。① 第二，学会做人要以"认识你自己"为出发点和归宿点，在此基础上去编制人与他人、与社会、与自然的多重立体维度。第三，学会做人指向人的全面发展，并为人的全面发展奠定坚实基础。完整、健全的人格源于人的全面自由的发展。

（二）学会做事与实践论取向：成于得仁

"学会做事"，就是如何处事、做事和成事的学问，包括认识客观事物的规律以及善用规律和工具去成事的技能，其与"如何行"维度相映照。

---

① 王光秀. 马克思生活世界理论研究 [D]. 济南：山东大学，2013：168.

"如何行"是一种"实践论"的追寻。"问题不在于认识世界,而在于改造世界",其意在探讨改造事物、为事成功的策略、原则、途径、程序、措施等,其以"仁义"为追求,以"得仁"为境界。

学会做事,第一,要实现从资格概念到能力概念的拓展和转换。第二,人际交往能力是做事能力的重要方面。许多服务主要是根据其引起的人际关系加以确定的。第三,做事与做人密不可分,做事先做人。杨叔子、余东升认为:教育的根本是"育人"。"育人"的主要内容是既要教"做人"又要教"做事"。教会"做事",就是讲究"实事求是",使人正确认识世界,全面而协调地按客观规律办事,这是正确的"立世之基",是科学教育的"核心"。①"天下熙熙皆为利来"等观念说明人"做事"的动机受利益驱动,但这种功利性的目的应该受到终极性目的——构建人类命运共同体的制约与引导。中国古代哲学认为,"天下为公""君子喻于义,小人喻于利"。人类在"做事"的社会实践活动中,不光应运用科技手段提高效力和能力,还应本着"仁义"之心,"仁者爱人""己所不欲,勿施于人"。唯有"成于得仁",才能避免掉进"科学达尔文主义"统治下的"丛林社会"陷阱。

(三)学会学习与认识论路径:止于至善

"学会学习",就是关于学习或阅读的途径、方法、阶段、对象条件与保障的学问,其与"如何知"维度相映现。"如何知"是一种"认识论"的追问,意在探讨认识事物的方法、工具、手段、过程、阶段和环节,万物皆备于我,万物存于一心,以心格物致知,"诚意正心"方可"修齐治平"。其以"善道"为根本,以"至善"为主旨。

学会学习是终身学习和学习型社会的基本内涵和必然要求。学会学习主要是要学会和掌握学习的方法和手段,而不是学习某方面的具体知识。换句话说,要授人以渔而不是授之以鱼。当今信息化数字化时代,虽然为海量资讯的传播与获取提供了便捷性,但对如何"筛选"提出了更高的要求,增加了被爆炸性资讯"淹没"的危险。读什么比怎么读更重要。无

---

① 杨叔子,余东升. 文化素质教育与通识教育之比较 [J]. 高等教育研究,2007(6):4.

疑，阅读经典，与古今中外的"伟人"对话，是形成"通晓思维的历史与成就基础上的理论思维"的最好方式，这也是西方通识教育"名著阅读"课程模式的初衷。但如何选择适合不同年龄阶段的经典，将是构建学习型社会和贯彻终身学习理念进程中值得深入探究的课题。

（四）学会研究与本体论追问：志于求真

"学会研究"，就是关于研究写作的类型、策略与方法的学问，其与"是什么"维度相观照。"是什么"是一种"本体论"的追问，通过对事物的概念、定义、本质、属性、特征、原理等的研究，以达到认识、获得"真理"的目的，"求真"为基本旨趣。

德国教育家、柏林大学校长洪堡首创"教学与科研相结合，由学问而达至修养"的教学观。[①] 美国约翰·哈普金斯大学首任校长吉尔曼认为科学研究是大学的灵魂，研究生教育是大学最重要的使命。[②] 当今社会不仅是一个学习型社会，也是一个创新型和研究型的社会。创新和研究能力是现代本科教育的基本内涵。学习是研究的基础，研究是学习的目的，"学而不思则罔，思而不学则殆"。传统西方通识教育课程一直重视写作能力。虽然一般的写作课程具有一定的研究性质，但难以满足当今对大学生创新和研究的普遍要求，开设系统性和专业性强的"如何研究"的课程势在必行。"与真理为友"是大学的追求与理念，而研究是求真的必然路径，也是大学作为一个"学术性"组织的内在要求和必然选择。

由此可见，"四元"与"四维"二者整体之间、二者自身内部各要素之间以及二者相互要素之间具有严密的内在逻辑关系。有了这一逻辑严密、结构完整的"四元四维"课程体系，才可能实现在"生活世界"理论基础上学生个体现实世界与精神世界的统一，"四会"能力与"真善仁美"智慧的统一，专业知识领域教育与思政精神维度教育"同向同行，形成协同效应"。"四元四维"通识教育课程体系符合知识、能力与素质相互关联

---

① 陈明. 大学科学研究职能内涵流变及其趋势 ［J］. 嘉应学院学报，2017（4）：78.

② 贺国庆、王保星、朱文富，等. 外国高等教育史 ［M］. 北京：人民教育出版社，2003：518.

并和谐统一的"整体知识观"①，也符合杨叔子和余东升提出的"一个整体的文化至少包含知识、思维、方法、原则和精神五个方面"的"真善美"和谐统一的系统观教育思想。② 同时，"四元四维"通识教育课程体系植根于马克思"生活世界"理论，契合马克思人的全面发展教育思想，有利于最终实现通识教育目的与马克思"人的全面发展"教育目的的契合与统一，也是对国际 21 世纪教育委员会倡导的教育四大支柱原则，以及新时代全国高等学校本科教育工作会议强化本科教育内涵、创新通识教育范式精神的积极回应。

第五节 "四元四维"课程体系建构的范式与意义

一、"四元四维"课程体系建构的范式变革

托马斯·库恩在其《科学革命的结构》中提出"范式"概念，指出其有两种不同意义及其使用方式。一方面，它代表着一个特定的共同体的成员所共有的信念、价值、技术等构成的整体；另一方面，它指谓着那个整体的一种元素，即具体的谜题解答，范式是示范性的以往成就。③ 革命式科学时代的规则，革命通过摆脱那些遭遇到重大困难的先前的世界框架而进步。④ "四元四维"课程体系的建构，全方位对"核心课程"体系进行了解构与重构，既是对"核心课程"体系的"扬弃"，也是通识教育课程体系建构模式的范式变革。

这一范式变革，首先，就其整体而言，实现了完全的转换：哲学基础上从"科学理性"转向"生活世界"，建构逻辑从"学科逻辑"转向"实践逻辑"，要素结构从"八大领域"转向"四元四维"，目的宗旨从"社会公民"转向"全面发展"。如表 4 − 1 所示：

---

① 郭德红. 大学教育应树立整体知识观 [J]. 中国高等教育，2007 (21)：62.

② 杨叔子，余东升. 文化素质教育与通识教育之比较 [J]. 高等教育研究，2007 (6)：3.

③ 托马斯·库恩. 科学革命的结构 [M]. 金吾伦，胡新和，译. 北京：北京大学出版社，2003：147.

④ 托马斯·库恩. 科学革命的结构 [M]. 金吾伦，胡新和，译. 北京：北京大学出版社，2003：导读 7 − 27.

表 4-1　"四元四维"课程体系与"核心课程"体系对比表

课程体系	哲学基础	建构逻辑	要素结构	目的宗旨
"核心课程"体系	科学理性	学科逻辑	八大领域	社会公民
"四元四维"课程体系	生活世界	实践逻辑	四元四维	全面发展

其次，就其最为根本的哲学基础即马克思"生活实践理论"而言，通过"形中"的"生活实践"的主体与中介地位，有效实现了"形下"的"物质生产"与"形上"的"精神发展"的历史与逻辑、合规理性与合目的性的完整统一，从而实现基于马克思"生活世界—实践逻辑"基础上"四元与四维"的完整统一。如表 4-2 所示：

表 4-2　"四元四维"课程体系与马克思生活世界论三层次对照表

"四元四维"课程体系	马克思生活实践论					亚里士多德实践论		胡塞尔生活世界论	层次
四元	物质生产	基础与支撑	科技	工具	手段	制作	质料	职业生活世界	形下
	生活实践	主体与中介	人文	生活	中介	实践	能动	日常生活世界	形中
四维	精神发展	引领与超越	精神	信仰	目的	理念	形式	科学生活世界	形上

值得注意的是，"四元四维"课程体系的范式变革，不是要完全否定和抛弃"核心课程"体系，恰恰相反，而是将其置于自身的内在环节和重要内容，即将"核心课程"体系的"八大领域"主要置于"四元"中的"一元"："做事"的"学科化""工具化"环节以及"四维"的部分环节，其重要的变革是增加了"做人""学习"和"研究"这"三元"并对"精神与思维"发展的"四维"提出了明确的界定与要求。因此，"四元四维"课程体系是对"核心课程"体系的"扬弃"。由此可见，"四元四维"课程体系具有历史的兼容性，同时，也具有现实的涵容性和未来的开放性。

二、"四元四维"课程体系建构的意义

（一）整合三大教育模式，继承与坚持马克思人的全面发展教育思想

西方通识教育、中国大陆素质教育、中国台湾全人教育可视为暗合马克思人的全面发展教育思想的现代三大教育模式。源于西方的通识教育具有可借鉴和依托课程体系，因此最具操作性，但除一些固有缺陷外，不利形成文化自信和具有中国特色的话语体系，不宜照搬和套用。中国台湾的全人教育借鉴了西方通识教育的经验和中国传统文化教育培养君子和圣贤的全人理念，与素质教育思想更为接近，但包容性有所不足。素质教育更加宽泛和包容，也最接近马克思的全面发展教育思想，与"素质教育的核心就是人的全面发展"，[①]"是以培养和提高人才的人文素质和科学素养为根本目的的人文教育和科学教育"的教育理念是一致的。[②] 但最大的不足是没有建立系统的课程体系，缺乏一定标准，导致实施和操作困难。只要建立起系统完整、核心精当、逻辑严密、开放包容的课程体系，素质教育方能持续发展，形成和引导时代教育潮流。

基于马克思生活世界理论的通识教育"四元四维"课程体系的构建，无论从哲学基础、理论来源还是要素与结构体系上，均与现行核心课程体系和名著阅读体系有本质的区别，其核心理念和最终目的是指向人从活动到思维、从物质到精神的全面发展，与人的全面发展观一脉相承，是对马克思关于人的全面发展教育思想的继承与坚守，也是对三大教育思潮的有效修正、改进与整合。

（二）构建具有新时代本土特色的通识教育课程体系

西方通识教育源于古希腊自由教育及欧陆博雅教育，经过百年的实践与探索，已形成以哈佛大学"核心课程"为代表的体系。我国在推广和发

---

① 教育部高校文化素质教育指导委员会顾问张岂之先生为纪念大学文化素质教育十周年的题词［N］. 新清华，2005 - 10 - 20（1）.

② 周远清. 从"三注""三提高"到"三结合"：由大学生文化素质教育看高等学校素质教育的深化［J］. 中国高等教育，2005（22）：5.

展通识教育时，也应建立起具有本土特色、符合本国国情的课程体系和管理模式。为实现21世纪中华民族伟大复兴的宏伟目标，中央提出构建中国特色人文社科学科体系、学术体系和话语体系的要求，以树立道路自信、理论自信、制度自信和文化自信。高教学界积极响应，《中国高教研究》2015年开辟专栏，集中研讨构建中国特色高等教育学科、学术和话语体系，以树立高教学科的中国特色与民族自信。①

构建具有自身特色的通识教育课程体系，是构建中国特色高教话语体系的重要基础和途径，不光要借鉴西方经验，更要立足中国教育传统和现实，善于发掘传统教育优秀成果并加以创造性转化。古代典籍"四书"中的《大学》从"道"的高度来统领大学教育："大学之道，在明明德，在亲民，在止于至善。"《论语》从全面发展的多元视角予以阐明："志于道、据于德、依于仁、游于艺。"旨在全面发展。老子《道德经》从多层次多维度揭示天人合一的理念："人法地、地法天、天法道、道法自然。"民国时期，清华大学校长梅贻琦在《大学一解》中对通与专的关系发表了真知灼见："窃以为大学期内，通专虽应兼顾，而重心所寄，应在通而不在专。"北大校长蔡元培也持同样见解："在人才培养上，大学无不以培养通识博学具有较为完满的人格追求，以别于专门教育造就的狭窄单薄的技术专才。"这些先贤的睿智论断也是"四元四维"体系的理论来源和坚实基础。

总之，通识教育是本科教育的基本内涵和核心，在大学教育中具有基础性和奠基性的地位与作用。通识教育课程体系是实施通识教育的载体、中介、依托、桥梁和中介，"四元四维"通识课程体系的建构具有重要意义。基于马克思生活世界理论、遵从国际21世纪教育委员会"教育四大支柱"原则的大学通识教育"四元四维"课程体系的构建，是提高高等教育人才培养质量的有效途径和有益探索，有利于通识教育思潮的推进与深化，有利于构建中国特色高等教育话语体系的尝试，也有利于马克思主义"人的全面发展"教育目的和"人的自由解放"社会理想的实现。

---

① 张炜. 基于素质教育框架的通识教育与专业教育集成［J］. 中国高教研究，2015（12）：30.

第六节 "四元四维"课程体系实施的必要与可能

一、大学"通专拼盘"课程体系及其问题

我国的现代化进程及类型是典型的"后发外生型",这就使得国人经常处于一种学习与追赶的状态和心态中,既没有"闲情逸致"的心境去追求纯粹的学术,也没有"淡泊宁静"的环境去满足纯粹的好奇。惯于生搬硬套欧美"走出象牙塔"理念,却从不思考两个前提:一是我们一直以来有无真的"象牙塔",二是是否真的曾经"进入"过"象牙塔"。中美贸易战的焦点在"市场导向"的企业前沿,华为的任正非疾呼的不是"技能",也不是"应用研究"或"集成创新",而是"基础研究""基础教育"和"理论创新""原始创新"。"理论创新"不是靠"砸钱",而是要靠"砸数学家、物理学家和化学家"。我国的教育至今仍然难以摆脱苏联"专才"模式的深刻影响。[①] 当然,"苏联模式"是基于当时历史条件与局限的"现实合理性"选择,也为中国的建设培养了大量急需的各类人才。"但是,要看到,在知识经济及信息网络社会条件下,这类褊狭的专才已经越来越不适应职业变动不居的市场和崇尚综合素质和能力的社会,更难以形成独立人格和共同的文化传统。"[②]

虽然国内对苏联的"专才"模式进行了批判和反思,但在强大的历史惯性以及传统的中国式"实用主义"的强大影响下,我国现行本科教育、专科教育、高职教育的模式或课程体系,都不会只提专业教育,而是"通识教育+专业教育",但这一并列和拼盘必然遗留两者间主次之争与是非之辩的后患;教育目标不会只提"片面发展"的"人才",而是"全面发展"的"人才",但很少提"一个人格健全完整的人"。教育的目的首先是人,而后是才,否则就有造就"专才"与"器具"的危险。由于历史及

[①] 张应强. 新中国大学制度建设的艰难选择 [J]. 清华大学教育研究, 2012 (12): 27.
[②] 陈明, 王春春. 钱学森之问: 高等教育"斯芬克斯之谜"的四大谜题 [J]. 黑龙江高教研究, 2017 (4): 18.

现实的诸多原因，我国现行大学课程体系的基本结构一般是"三层楼"或"三明治"式结构，即"公共基础课＋专业基础课＋专业（方向）课"结构，也有的称之为"平台＋模块"结构，所谓"平台"指的就是公共基础课平台和专业基础课平台，模块也就是专业（方向）模块，其结构实质是一致的。这种现行的"三层楼"或"三明治"式结构，在具体实践中又加上"实践技能课＋选修课（通识选修＋专业选修）"两种类型，最终形成"五链条"式结构，即"公共基础课＋专业（学科）基础课＋专业（方向）课＋实践技能课＋选修课（通识选修＋专业选修）"。① 显而易见，这是一个培养"人才"或"专才"的课程结构，其中的专业基础课、专业方向课、专业选修课直接是"专业"的，实践技能课主要是有关"专业技能"，公共基础课包括思想政治理论课（含思想道德修养与法律基础、马克思主义基本原理、毛泽东思想和中国特色社会主义理论体系概论、中国近代史纲要、形式与政策）、语言与技能课（含大学英语、计算机应用技术、健康与心理教育、大学语文、大学生职业发展与就业指导、创业教育）、体育、国防教育（军事理论与训练）等，② 所谓的通识教育就只能以通识教育选修课单独点缀和维持了。但遗憾的是就这仅有的通识选修课，由于缺乏系统设计、组织管理、制度激励、评价筛选和相关条件保障，最终成为准入门槛低、内容"杂、乱、散"的"拼盘课"，教师不愿上、学生不愿学的"注水课""营养课""捞分课""休闲娱乐课"。③

二、"通专拼盘"课程体系转向"四元四维"课程体系的难题

（一）认识与管理难题

长期的"专才"教育影响，使得社会大众，各级领导，甚至不少学界人士，对通识教育的本质与内涵缺乏共识。如认为通识教育"与素质教育

---

① 嘉应学院教务处. 嘉应学院 2018 级本、专科人才培养方案［R］. 梅州：嘉应学院，2018.
② 嘉应学院教务处. 嘉应学院 2018 级本、专科人才培养方案［R］. 梅州：嘉应学院，2018.
③ 杨颉. 大学通识教育课程：借鉴与启示［M］. 上海：上海交通大学出版社，2009，176.

之间存在着交叉关系, 与专业教育之间则是一种并列的关系"①。这种并列关系必然导致凑合关系和拼盘关系, 而不可能真正实现整体化和一体化的融合关系。正是由于以上认识的偏颇, 导致缺乏专门的管理组织机构, 通识教育步履维艰, 只得依靠学校领导等行政力量强力推动, 但这种建立在因人并且因时而异的领导身上的推行模式, 往往是镜花水月。正如周聆灵所言: "靠行政推动的农林院校通识教育来提高农林院校学生的研究能力、培养全人, 可望而不可得。当然, 在目前的情况下, 对行政推动农科通识教育可行与否的讨论基本上是一个伪问题, 因为就目前来看, 剔除行政的推动又是不可能也是不现实的。"② 因此, 通识教育的推行陷入"两难"的尴尬境地。

(二) 部定思想政治理论课、技能课以及专业课的内容融入难题

部定思想政治理论课在内容与学时上有硬性要求, 语言与技能课、体育、国防教育等公共基础课也是必要的技能, 专业基础课与专业 (方向) 课又是"专业人才"的必备专业知识与技能。由此看来, 本来这几类课程都已填满教学计划, 并处于相互不断竞争之中, 想要压缩这些课程以为通识教育课程腾出学时, 必然遭遇巨大阻力。而要实现现行课程与通识课程的内容整合, 在内容选择和分寸把握上存在较大的困难与考验。

三、"通专拼盘" 课程体系转向 "四元四维" 课程体系的对策

(一) 提高通识教育认识, 强化领导与选拔机制

提高认识, 大学和各级教育机构的领导是关键。在大学, 不论学术权力如何重要, 行政权力依然是不可忽视的力量。在实际操作中, 行政权力

---

① 陈向平. 开发适合高职学生身心发展与人格完善的通识教育课程体系 [J]. 职业技术教育, 2013 (27): 65.

② 周聆灵. 我国农林院校通识教育课程体系研究: 基于台湾通识教育的案例考察 [D]. 福州: 福建农林大学, 2011: 52.

往往才是决定性的力量。因此，应采取各种举措，利用各种途径提高大学和各级教育机构的领导层的通识教育理论水平和实践能力，并将通识教育理论水平、实践能力和实际成效，作为评价、考核和任用大学和教育机构的领导的基本标准。在这一点上，蔡元培、梅贻琦、蒋梦麟、张伯苓、郭秉文等校长提供了难得的标本与范例。

提高认识，从为全体大学生提供通识教育做起。通识教育，本质上是"成为一个人"的教育，这个"人"，就是一个具有时代性和社会性基本内涵和完整独立人格的"人"，在蔡元培先生看来，"教育者，养成人格之事业也"①。从这一意义上看，通识教育及其目的与马克思人的全面发展教育及其理想高度契合。列宁认为："只有用人类创造的全部知识财富来丰富自己的头脑，才能成为共产主义者。"每一个人都有权利和义务成为这样的人，从而完全获得、占有和回归人的本质，因此，通识教育就是一般的、普遍的和普惠的教育，"是将一切知识教给一切人"的教育。每个人的认识水平不可能完全一致，因为在终极本质上与精神上，人是一种精神的、反思的和信仰的存在，具有个异性与超越性，② 但也不可能完全脱离所处的时代与社会背景，因为在现实性上，人是一切社会关系的总和。《共产党宣言》宣告："无产阶级只有解放全人类，才能最后解放自己。"只有实施全体的普遍的通识教育，提高全民族的通识教育素养和认识水平，才能达到提高各级领导通识教育水平的目的，也才能在最后提升自己的认识水平的同时"解放自己"。通识教育本意是"一般教育"或"普通教育"，而非"精英教育"。目前国内一些知名大学搞各种博雅学院、书院模式的所谓"通识教育"，学生入校之后的二次选拔进入这些学院、书院，采用一种"精英式"通识教育模式。其实，这种改革模式是与通识教育的精神背道而驰的。③

（二）加强通识教育管理，建立专门的管理机构

是否建有专门管理机构，是是否重视通识教育的重要标志。目前通识

---

① 王莉萍. 全人格教育课程体系的构建与发展 [J]. 中国教育学刊, 2019 (5)：58－62.
② 陈明. 教育研究之三境界 [J]. 教育理论与实践, 2015 (32)：3.
③ 于志刚. 推动大学通识教育课程体系的培育与完善 [J]. 中国高等教育, 2016 (11)：39.

教育课程"杂、散、乱"的局面，与缺乏专门管理机构的系统设计和组织管理直接相关。只有建立专门管理与研究的机构，才可能认真做好研究，依据研究成果进行课程的系统组织、设计、实施、评价和筛选，从而提高通识教育的质量、声誉和地位。因此，可以成立专门的、独立的通识教育学院，组织汇集相关领域的学者专家，来开展通识教育课程的组织、设计、研究与管理。①

（三）重视通识教育研究，不断优化课程内容、结构与方法

通识课程结构上，应采用"四元四维"架构。具体而言，将现有的专业模块精简压缩后，主要归入"四元四维"的"做事"模块。课程体系的模块应当由过去的以课程性质、授课内容为标准转向以人才培养目标、能力类型为标准。② 以这一思想去指导通识教育课程改革应该是化解通识教育困境的正确选择。所谓人才培养目标，就是指人的发展和社会要求的四个方面，知识的四个领域，即四元：做人、做事、学习和研究；所谓能力类型，就是指四维，即人的思维发展的四个方面或层次：本体论（真）、认识论（善）、实践论（仁）和价值论（美）。按照通识教育需要达到的能力类型重新划分课程模块，以取代旧有的按照学科划分的课程模块。

通识课程内容上，应实行公共科目通识化。个体成长受到国家和社会的既有结构的决定，但同时个体因为追求自身幸福或自由而存在超越政治的哲学冲动，而这种冲动只可能是在政治空间内寻找最大可能性。③ 从这个意义上讲，学校课程体系构建首先必须把握两个基点，一是对国家课程的创造性实施，二是满足人的个性化成长需要。但是，这两个基点能否实现，还要看课程功能是否充分发挥。因此，学校课程体系构建的第三个基点就是实现课程功能的充分发挥。当前的学校课程开发的重心在于对国家课程的补充上，尤其是艺术、科技教育等课程的开发，缺乏对国家课程创造性实施的深度开发。④ 应采取公共科目通识化的方式，调整公共科目的

---

① 张珺. 中美高校通识教育课程体系差异及启示 [J]. 山西财经大学学报, 2012 (12)：179.
② 于志刚. 推动大学通识教育课程体系的培育与完善 [J]. 中国高等教育, 2016 (11)：40.
③ 潘希武. 学校课程体系构建的基础性框架 [J]. 教育学术月刊, 2018 (3)：98.
④ 潘希武. 学校课程体系构建的基础性框架 [J]. 教育学术月刊, 2018 (3)：100.

内容和性质，融入通识课程及相关领域中。① 有学者从国内率先实行学分制的武汉大学的实际出发，提出了大学英语等"共同必修课通识化"，但鲜有高校将公共必修课纳入通识教育体系。② 具体而言，就是将政治思想课等内容重组后，归入"四元四维"体系的"做人"模块。现行的技能模块重组后，主要归入"学习"和"研究"模块。"四维"不是知识"领域"或课程"模块"，而是每一课程内容应包含的思维层次，即应包含是什么—求真、如何知—至善、如何行—得仁、为什么—完美等四个思维层次，使学生思维与精神得到充分发展。

通识教育与专业教育关系上，本科为通识教育，而应将专业教育后置到研究生阶段。美国大学的本科生院以及独立的文理学院等，均实行通识教育，而将专业教育后置到研究生院或各专业学院。澳大利亚墨尔本大学2008年起将学制改为"3+2+3"，即三年本科+两年硕士+三年博士（或更长）。所有本科生完成三年的教育计划后可选择进入"新生代"专业硕士或研究生学位学习。③ 近年来，国内各高校，尤其是综合性大学，纷纷推出"4+2"本硕连读、"2+2"大类培养并允许重新选择专业等人才培养模式的改革，掀起了国内通识教育的新热潮。④

（四）制定通识教育制度，形成保障、激励与筛选的机制

任何美好的愿景与理想，如果没有制度性保障与激励，都只能是"空中楼阁"。要使通识教育超越专业教育成为主导模式，必须对通识教育教师队伍及其相关教学资源，提供比专业教育教师更好的制度性保障与激励。只有在教师乐教学生乐学基础上，才能形成对通识教育课程进行优化和筛选的机制，从而不断提高通识教育课程质量，形成通识教育良性生态。

① 周聆灵. 我国农林院校通识教育课程体系研究：基于台湾通识教育的案例考察 [D]. 福州：福建农林大学，2011：105.
② 冯建昆，朱学文. 大学本科通识教育课程体系的构建：以云南民族大学为例 [J]. 云南民族大学学报（哲学社会科学版），2007（5）：146-149.
③ 郑忠梅. 珍视大学声望 守护大学精神："墨尔本模式"发展及其启示 [J]. 高等教育研究，2015（10）：97-98.
④ 冯建昆，朱学文. 大学本科通识教育课程体系的构建：以云南民族大学为例 [J]. 云南民族大学学报（哲学社会科学版），2007（5）：146-149.

第五章　中介 2：学科建设的要素与结构分析

学科建设是大学核心竞争力中介体系结构的第二个中介，直接支撑教师的学术水平和学术贡献。学科体系中介的构建就是本章的任务和内容。学科建设是在我国高等教育改革不断深化过程中形成的一个特色概念，我国习惯于把学科建设作为大学建设的重要组成部分而与其他方面区分开来，以强调其独领风骚的"龙头"地位。随着高校"双一流"建设的实施，其地位与意义更加凸显。

第一节　学科建设在大学核心竞争力中的地位与意义

学科建设是大学办学的龙头，一流大学建设、一流人才培养必须以一流学科建设为基础和核心，这已成为学界的基本共识。学界对学科的定义、性质、要素、功能、价值、规划、途径、措施等基本理论与实践问题均进行了卓有成效的研究，取得了较为丰富的成果。但不难发现，学科建设的基础性地位，以及涉及要素的广泛性和层面的复杂性，导致其理论基础和层次结构较难把握，成为目前研究的短板和薄弱环节，从而出现理论上指导乏力、层次逻辑不清，实践上主次不分、方向不明的状况，亟须从理论到实践上的研究与探索。刘献君指出，迫于形势，很多大学管理者口头上强调和重视学科建设，逢会必讲，实际上却没有校级领导分管，也没有一个职能部门归口管理。这又归咎于理论与实践的双重原因。理论上对学科建设的深层次内涵、原理、结构与复杂关系的把握不足，实践上因为学科建设具有很强的综合性，涉及的部门、环节、要素多，关系复杂，难以统筹协调，工作成效难以凸显；不便计量，考核评价困难。因此，对学科建设的理论研究与实践探索是高教学界的基础课题和紧迫任务。[①]

一、学科及其体系建设是大学建设的龙头

原教育部部长周济将学科建设规划列为与大学发展规划、校园建设规划并列的大学三大规划之一，突出学科在大学建设发展中的龙头地位，强调高水平的学科是高水平大学的主要支撑。[②] 原中国人民大学校长纪宝成认为：学科是学校工作的龙头和发展的主旋律，学科水平从根本上代表和体现大学的办学水平、特色、地位和核心竞争力，因此，学科建设是大学发展的根本和核心任务。[③] 原复旦大学校长王生洪认为：学科是立校之本，是大学这棵大树的根和主干。[④]

二、学科及其体系建设是大学建设的中介

原清华大学校长王大中认为：大学的学术组织性质决定了学科是大学发展的中介，是承载人才培养、科学研究和社会服务三大职能的基础和中介。大学是以学科建制为基本特征的，所谓综合性大学、多科性大学和单科性大学这种大学的分类的依据就是学科。[⑤] 原厦门大学校长陈传鸿认为，正因为学科构成了大学各项基本学术活动的基础和中介，所以学科水平的高低就成为衡量和体现大学办学水平高低的主要依据和标准。[⑥] 张立伟博士认为，学科是大学的基本学术单元与组织单元，是大学生存与发展的基础。[⑦]

① 刘献君. 论高校学科建设 [J]. 高等教育研究, 2000 (5)：16.
② 转引自孙宏利. 基于学科建设模式的航海类高校核心竞争力研究 [D]. 大连：大连海事大学, 2013：18.
③ 纪宝成. 科学制定学科规划大力加强学科建设 [J]. 中国高教研究, 2003 (2)：6.
④ 王生洪. 以学科建设为龙头提升学校整体水平 [J]. 中国高等教育, 2003 (2)：23.
⑤ 王大中. 大学学科建设和专业结构调整的实践和体会 [J]. 中国大学教学, 2002 (11)：8.
⑥ 陈传鸿. 切实加强学科建设构筑高校核心竞争力 [J]. 学位与研究生教育, 2003 (3)：5.
⑦ 张立伟. 基于核心竞争力理论的大学学科建设研究 [D]. 大连：大连理工大学, 2006 (6)：1.

第二节　现有研究及其局限

一、有关学科建设理念与原则的研究

翟亚军、王战军对学科建设理念的概念、内容表述和具体表现进行了研究，认为学科建设是一个创新的过程，这是世界一流大学学科建设的共同理念。① 王恩华博士认为学科建设发展遵循的指导思想是：学科建设是龙头，队伍是核心，科研是关键，经济是基础，政策是保障。② 刘献君将学科建设动力与原则结合起来，认为学科建设的动力是内动力和外动力的结合。内动力是学科逻辑自主发展的规律；外动力是指学科发展的社会需求。学科建设与发展是内外动力综合作用的结果。学科建设遵循五项基本原则：一是以人为本，人才强校；二是扶优扶强，合理布局；三是校企合作，共生共赢；四是突出特色，错位发展；五是重点突破，协调发展。③ 翟亚军、王战军认为学科建设原则有四：坚守与创新兼顾、和谐与一流同步、优异与广博并存、坚持操守与经纶济世。④ 李枭鹰博士在借鉴和参考前人成果的基础上，将学科建设原则归结为六条：适应性原则、发展性原则、重点建设原则、突出特色原则、生态优化原则、系统性原则。⑤ 孙宏利博士认为学科建设有六个基本原则：特色鲜明原则、前沿性原则、重点建设原则、社会需求原则、开放性原则、制度化原则。⑥

现有研究对学科建设的理念探讨较少。具体而言，翟亚军、王战军对

---

① 翟亚军，王战军. 理念与模式：关于世界一流大学学科建设的解读 [J]. 清华大学教育研究，2009（1）：18.

② 王恩华. 大学学科建设：学科发展的动力分析 [J]. 科学学与科学技术管理，2002（5）：34.

③ 刘献君. 论高校学科建设中的几个问题 [J]. 中国地质大学学报（社会科学版），2010（4）：8.

④ 翟亚军，王战军. 理念与模式：关于世界一流大学学科建设的解读 [J]. 清华大学教育研究，2009（1）：19.

⑤ 李枭鹰. 论学科建设的基本原则 [J]. 高教论坛，2005（2）：62 – 64.

⑥ 孙宏利. 基于学科建设模式的航海类高校核心竞争力研究 [D]. 大连：大连海事大学，2013：20 – 22.

学科建设理念的概念、内容表述和具体表现进行了研究，吴越对麻省理工学院的学科建设理念做了深入分析，但在概念定义的规范性，内容表述的普适性、逻辑性与系统性上还有进一步研究的空间，而且，缺乏对其理论基础的研究。相对而言，学者对原则的研究比较丰富。刘献君、王大中等从学科建设的动力、规律基础上展开论述，李桌鹰以《论学科建设的基本原则》为题专文进行总结与论证，提出了很多在实践中行之有效的真知灼见。但不难发现，由于对学科建设理念及其理论基础探讨不足，在其基础上衍生出的原则在普适性、逻辑性与系统性上无疑值得进一步探究。

二、有关学科建设要素与结构研究

刘献君认为学科方向建设是基础，项目是学科建设的载体，梯队建设是学科建设的关键，学科基地是依托。[①] 谢桂华认为，体系是指若干有关事物相互联系、相互制约而构成的整体。[②] 学者对学科建设的要素论述较多，但对结构的研究较少。要素的论述基本覆盖面较广，几无遗漏，对要素关系的论述也较为丰富。但不足之处有二：一是没有结合结构来进行分层次的把握，不同层次的要素放在同一平面上论述，层次性与条理性不太清晰，从而削弱了各要素间相互关系的逻辑性，似乎要素个个都很重要，实践中可能无从下手，缺乏一条线索理清头绪、将其整体贯穿起来；二是相较而言，结构研究偏少。仅见刘献君从纵向的建设主体角度对学校、学科群、学科点三个层面的有关论述，但对结构的其他维度，如横向知识生态多元生态结构以及文化形态层次结构几无论及。这也成为本书拟解决的重要问题。

三、有关学科建设核心竞争力研究

现有研究对学科建设核心竞争力的概念、要素及其关系均有论述，其

---

① 刘献君. 论高校学科建设 [J]. 高等教育研究，2000 (5)：18.
② 谢桂华. 关于学科建设的若干问题 [J]. 高等教育研究，2002 (5)：48 – 49.

中大连理工大学张立伟的论述较为系统。通而观之，其关于学科核心竞争力是学科资源和该学科运用资源的能力以及两者的结合状态的认识已是学界基本共识，对其要素及其关系的理解也较为全面和中肯。但其仍有两个问题，一是对学科建设核心竞争力的定义到底是一种资源还是能力不明确，存在摇摆性和模糊性，而对概念准确的界定是理论探究和建构的逻辑基础与前提；二是对要素与关系的把握虽不乏真知灼见，但要素似乎都重要，重点与关键并不突出，且要素间关系没有一条逻辑主线将其整合串联起来，略显零乱，欠缺一贯性和整体性。

第三节　学科建设基本理论

大学是一个以学科与学院为基本建制单元的学术文化组织，学科建设在大学发展中具有"龙头性"地位。学科建设是一个系统工程，有关学科建设的研究也是如此。从系统的视角看，学科建设研究是一个包括理论基础、原则、结构、要素等诸多方面的体系，其中基本理论是整个研究体系不可或缺的重要基础。梳理现有研究成果发现，学科建设基础理论的探讨尤为薄弱，只有翟亚军、王战军和吴越等关于学科建设"理念"的研究成果，尚未发现对学科建设基础理论的系统研究。以下拟从现状与问题、基础理论、逻辑要求与意蕴等方面，对学科建设基础理论作初步探讨，以为学科建设原则、结构、要素等的研究提供理论基础与依据。

一、学科建设基本理论研究：现状与问题

就笔者目力所及，在"双一流"建设政策背景下，目前学科建设研究主要为一流学科建设的举措与对策研究，仅有少数关于学科建设结构、原则的研究，体现了偏重于实用和效率的"功用性"和"速效性"特点。关于学科建设理论基础的研究尚未发现，仅有几篇关于学科建设理念的研究论文，如翟亚军、王战军对学科建设理念的概念、内容表述和具体表现进行了研究，认为大学学科建设理念是人们对大学学科使命、学科性质、学

科功能、学科结构、学科文化的基本认识，是对大学学科与外部世界诸元素之间以及内部诸元素之间关系的基本把握。学科建设是一个连续的、长期的、创新的过程，这是世界一流大学学科建设的共同理念。①

不难发现，翟亚军、王战军是从学科建设系统的宏观视野，通过多维度的要素及其关系，来论证多元共生的学科良性生态。显而易见，以上研究对认识学科建设的结构优化和良性生态很有价值，但仍未涉及理念的理论来源。具体而言，优化学科结构的理念尚未涉及学科结构的系统生态学理论基础；学科良性生态理念尚未建立在作为学科的主体或承载者——教师的激励的基本理论——组织行为学之上。只有将学科建设理念、结构与原则等建立在坚实的基本理论基础之上，才能使整个理论体系更加完整、严密和稳固，才能在实践中发挥更好的指导作用。

二、学科建设基础理论：系统生态学与组织行为学原理

学科既是一种知识分类，也是一种教学的科目，同时还是一种组织建制，② 因此，学科建设是多维度、多层次、多要素的复杂体系。系统方法提倡管理者将组织视为一个整体，并且整个组织是更大环境的一个组成部分，其核心思想是任何一部分的活动都会对其他部分产生影响。生物学家路德维希·冯·贝塔朗菲在1951年使用了"系统理论"的概念，使"系统理论"从诞生伊始就带有浓厚的"生态"印记与背景。米勒和赖斯从生物学家的工作出发，将工商业组织与生物有机结合起来。③ 因此，学科组织及其建设的理论基础就离不开系统与生态的理论范畴，具体而言，就是系统生态学理论。

将学科作为一种知识分类来看，教师是知识的"活"的承载者；将学科作为一种教学的科目及组织建制看，教师是其主体。由此可见，不论是

---

① 翟亚军，王战军. 理念与模式：关于世界一流大学学科建设的解读 [J]. 清华大学教育研究，2009（1）：18.
② 冯向东. 学科、专业建设与人才培养 [J]. 高等教育研究，2002（5）：69.
③ 马林斯，克里斯蒂. 组织行为学精要：第3版 [M]. 何平，等译. 北京：清华大学出版社，2015：70.

从学科本身还是从对学科加以建设发展的活动来看，人是其中的主体，学科和学科建设活动就是人类活动和操作的对象，学科不能脱离教师而存在。人是学科建设的出发点，也是永恒的归宿。学科建设必须以教师为主体、以教师为本，以人为本是其应然的要求。近年来，人们更多地采用系统的方法来分析组织，即把组织视为一个系统，这种经典方法强调组织的技术要求，但似有"无人的组织"的倾向，导向一种非人的、异化与物化的管理活动，不光不能发挥人的主体性、积极性和能动性，还会导致灾难性后果。人际关系方法则强调人的社会和心理因素，关注人的需求，但似有"无组织的人"的指责。组织行为学试图融合这两种早期方法，把关注点放在了整体的工作组织上，并关注组织结构与行为的内在的、有机的联系。由此可见，系统生态学和组织行为学是学科建设的两大理论基础。

（一）系统生态学原理

1. 系统生态学的定义

生态学（Ecology）一词最早由索瑞（Henry Thoreau）于 1858 年提出，但他未给生态学下确切的定义。生态学一词由两个希腊语词"oikos"和"logos"合并而成。"oikos"即英文词根"eco"，表示住所，"logos"即英文词根"logy"，表示科学。因此，从希腊语的原意上讲，生态学是研究生物住所的科学。1866 年，德国动物生态学家海克尔（Ernst Haeckel）在他的《普通生物形态学》一书中引用了这个术语，并给生态学下了定义：生态学是研究生物与其环境——包括非生物环境和生物环境相互关系的科学。[①] 目前，生态学家普遍认为，生态学是研究生物与环境之间相互关系及其作用机理的科学。系统学认为世界皆系统，是研究系统内要素、结构、功能以及与内外系统相互关系与作用的学科。系统生态学是系统学与生态学的交叉学科，是人为复杂系统的一般理论基础，而学科以及学科建设正是以人为主体的多元要素多维结构的复杂系统。

2. 系统生态学三要素

系统生态学有三个相互嵌套的基本概念，也可以说是系统生态学的三

---

① 林文雄. 生态学 [M]. 2 版. 北京：科学出版社，2013：1 - 2.

要素：

一是种群（Population）：指一个生物物种在一定的范围内所有个体的总和。

二是生物群落（Community）：指在一定自然区域的环境条件下，许多不同种的生物相互依存，构成了有着密切关系的群体。

三是生态系统（Ecosystem）：指一定范围内，各生物成分和非生物成分之间，通过能量流动和物质循环而相互作用、相互依存所形成的一个统一整体。

3. 系统生态学原理

系统生态学有两大基本原理：

一是生物多样性有助于保持生态系统的稳定性。当生态系统丧失某些物种时，就可能导致生态系统功能的失调，甚至使整个生态系统瓦解。

二是生物多样性具有美学价值。许多生态系统都具有美学价值，可以美化生活、陶冶情操，给人以美的享受。生物多样性还是文学艺术创作的基本素材，是人类精神的寄托和灵感的源泉，有许多艺术作品都描述和反映了生物界的丰富多彩和勃勃生机。生物多样性一旦被破坏，上述重要价值和作用就会降低甚至消失，其危害是不言而喻的，甚至可能给人类带来灭顶之灾。[①]

（二）组织行为学原理

1. 组织行为学经典理论——马斯洛的需要层次论及其发展

组织行为学是研究人在组织中的心理变化和行为表现以及组织本身的客观规律，以更好地实现组织既定目标的科学。[②] 组织行为学最重要的理论基础首推美国著名心理学家马斯洛的需要层次理论（Maslow's hierachy of needs）。[③] 如图 5 - 1 所示：

---

① 魏振枢，杨永杰. 环境保护概论 [M]. 北京：化学工业出版社，2003：43 - 44.

② 马林斯，克里斯蒂. 组织行为学精要：第 3 版 [M]. 何平，等译. 北京：清华大学出版社，2015：3.

③ 马林斯，克里斯蒂. 组织行为学精要：第 3 版 [M]. 何平，等译. 北京：清华大学出版社，2015：218.

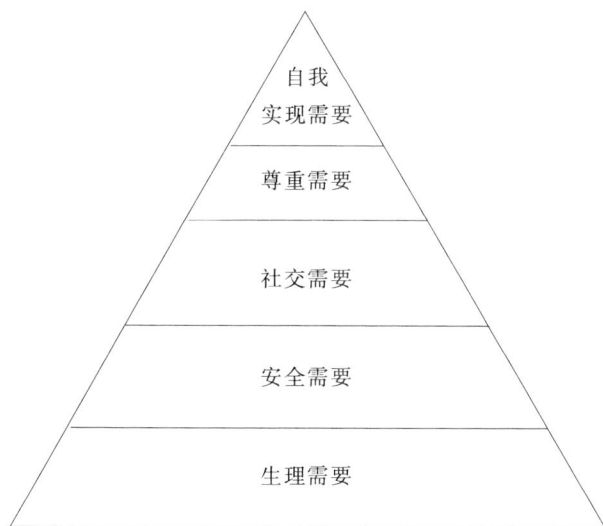

图 5 - 1 马斯洛需要层级金字塔模型

马斯洛所指的"动机"一词，并非一般意义上的"驱动人的内在力量"，而是特指人性中的善根。善根像一颗种子，已蕴藏了将来成长的一切内在基因与潜力。因此，马斯洛的动机理论其实就是人格发展理论。马斯洛在其著作《动机与人格》中，将动机视为由多种不同性质的需要所组成，故而称为需要层次论。

马斯洛认为，作为一个有机整体的人，其行为与活动的动力和需要是多种多样的，从低级到高级，包括生理需要、安全需要、社交需要、尊重需要和自我实现需要。在 1970 年版的《动机与人格》中，马斯洛在自我实现需要之前补充了知的需要、美的需要，将 5 个层次扩充为 7 个层次。7个层次的需要可分为两大类，较低的四个层次可称为基本需要，又可称为匮乏性需要，较高的后三个层次需要可称为成长需要。① 其中自我实现需要是超越性的，它引导个体去追求真善美，并最终导向完美人格的塑造，"高峰体验"（peak experience）正是代表了个体最高层次的需要得到满足的最佳状态。

斯蒂尔斯（Steers）和波特（Porter）针对马斯洛需要层次论，提出了

---

① 朱国云. 组织理论：历史与流派 [M]. 南京：南京大学出版社，2014：115.

用于满足不同需求的一般建立和组织因素列表（见表 5 - 1)①。

表 5 - 1　斯蒂尔斯应用马斯洛需要层级表

需要层级	一般报酬	组织因素
1. 生理	食物、水、性、睡眠	A. 薪酬 B. 愉快的工作环境 C. 餐厅
2. 安全	安全、保安、稳定、保护	A. 安全的工作条件 B. 公司福利 C. 劳动保障
3. 社交	爱、关爱、归属感	A. 有凝聚力的工作群体 B. 友好的监督 C. 专业协会
4. 尊重	自尊、自重、声望、地位	A. 社会认同 B. 工作头衔 C. 高地位工作 D. 来自工作本身的反馈
5. 自我实现	成长、进步、创造力	A. 有挑战性的工作 B. 创造力发挥的机会 C. 工作中的成就 D. 在组织中得到晋升

资料来源：STEERS R M, PORTER L W. Motivation and work behavior ［M］. 5th ed. New York：McGraw-Hill, 1991：35.

阿尔德佛（Alderfer C. P）在马斯洛需要层次论基础上提出了改进的需求层级模型②。基于存在（exist）、关系（relation）和成长（growth）的核心需要（ERG 理论）（见表 5 - 2），将马斯洛的 5 个需要层级压缩到 3

---

① STEERS R M, PORTER L W. Motivation and work behavior ［M］. 5th ed. New York：McGraw - Hill, 1991：35.

② ALDERFER. C. P. Existence, relatedness and growth ［M］. New York, Free Press：1972.

个层级。存在需要涉及维持人类存在与生存，包括生理与安全需要；关系需要涉及与社会环境的关系，包括爱或归属感，亲和性以及安全或尊重等有意义的人际关系；成长需要涉及潜力的发展，包括自我尊重与自我实现。

赫兹伯格（Hertzberg）提出双因素理论，进一步将阿尔德佛的 3 层级压缩为 2 层级，即保健因素与激励因素，使这一理论更为简明扼要。保健因素是那些如果缺乏就会导致不满的因素。这些因素与工作背景相关，涉及工作环境，对工作本身是外在因素。这些因素被称为 "保健" 或 "维持" 因素（保健被用于与医学术语 "预防的" 或 "环境的" 含义相似）。它们用来预防不满。激励因素是那些如果存在，用来激励个体的卓越努力和绩效。这些因素与工作本身的内容相关。它们被称为 "激励因素" 或 "成长因素"。这些因素的强度将影响满意或没有满意的感觉，但不是不满意。不满意的反面不是满意，而是没有不满。

表 5 - 2　马斯洛、阿尔德佛和赫兹伯格激励理论联系表

马斯洛的需要层级	阿尔德佛的 ERG 理论	赫兹伯格的双因素理论
生理	存在需求	保健因素
安全		
社交	关系需求	激励因素
尊重	成长需求	
自我实现		

资料来源：马林斯，克里斯蒂. 组织行为学精要：第 3 版 [M]. 何平，等译. 北京：清华大学出版社，2015：222.

保健因素大致与马斯洛的低层次需要相关，激励因素大致与高层次需要相关。为了激励员工做到优秀，管理者必须适当关注激励因素或成长因素。赫兹伯格强调，保健因素并不是一个 "二等公民系统"，它们与激励因素同等重要，但原因不同。为避免工作中的不愉快并杜绝不公平的待遇，保健因素是必要的。"管理层永远不应该使人们在工作中受到不公平

的待遇。"激励因素与人们被允许做什么以及各自体验的质量有关。它们是实际激励人们的变量。赫兹伯格的研究表明，更为可能的是，良好是绩效导致各自满意度而不是相反。克雷纳（Crainer）和狄洛夫（Dearlove）认为，赫兹伯格的研究对公司的奖励与薪酬方案具有相当大的影响，越来越多的公司有一种提供"自助餐厅"式福利的趋势，人们可以在多种方案中选择。实际上，他们可以选择那些他们认为可以为自己的工作提供激励的因素。同样，当前对自我发展、职业管理、自我管理的学习的关注可以被视为脱胎于赫兹伯格的理论。他的研究使人们关注到"工作质量"和"生活质量"的同等重要性。

2. 组织行为学基本原理与结论

从组织行为学经典理论即马斯洛的需要层次论及其发展中，可以发现三条基本原理或结论：

第一，满足人的生存需求原理。这条原理对应马斯洛需要层次论的生理与安全需求、阿尔德佛的 ERG 理论的存在需求以及赫兹伯格的双因素理论的保健因素。

第二，满足人的成长需求原理。此原理对应马斯洛需要层次论的社交与尊重需求、阿尔德佛的 ERG 理论的关系需求以及赫兹伯格的双因素理论的保健与激励因素；

第三，满足人的自我实现的需求原理。该条原理对应马斯洛需要层次论的自我实现与美的需求、阿尔德佛的 ERG 理论的成长需求以及赫兹伯格的双因素理论的激励因素。

三、学科建设基本理论的内在逻辑要求

理论的意义在于指导实践，否则就是"灰色的"和"干瘪的"。而任何有生机的理论，对实践的指导都不是主观的、随心所欲的，而是基于其基本原理的内在逻辑要求，体现出严密的逻辑性、完整的统一性和持续的生命力。

第一，系统生态学原理适用于指导学科生态体系与结构建设。可持

续、健康、和谐的学科结构体系无疑是一种生态性的结构体系。系统生态学原理对学科及其体系结构的内在逻辑要求主要体现在以下三个方面：

一是系统生态学种群要素原理，要求每一学科具有生命体进化现象。武汉科技大学校长孔建益是这一观点的主张者。他认为，在大学中，无论是单体学科还是群体学科都具有生态现象。李枭鹰认为，生态优化原则是学科结构的基本原则。学科具有生命体现象，从单个学科的发展来看，可以区分它的诞生、成长、繁荣、衰老乃至衰亡。①

二是生物群落原理，要求学科群落及其结构应具有生态共生现象。孔建益认为，学科群落共生的生态现象包含二层含义：一是学科建设之间的平衡与适应；二是学科建设的多样性和互融交叉，只有多样才能综合。②李枭鹰认为，学校的学科建设应该重视形成合理的学科门类结构，并设法在同一学科门类、一级学科和二级学科内部形成由主干学科、支撑学科、配套学科、相关学科、基础学科、交叉学科同存共荣的结构优化的学科生态系统。从某种意义上说，没有综合也很难有高水平的单科，综合性是达到高水平的重要条件。③

三是生物多样性和生态美学原理，要求大学学科体系结构具有可持续、健康、和谐的美学特征。从组织建制的纵向层次来看，依据刘献君④、翟亚军⑤和田恩舜等的观点，学科体系呈现出宏观校级多学科、中观院级学科群和微观系级单学科或二级学科专业三级层次结构（见图 5 - 2）。从学科知识类型的横向分类来看，笔者认为，学科横向类型结构呈现为“五点金字塔”模型（见图 5 - 4）。总之，不论是学科纵向组织三层次嵌套结构模型，还是学科横向类型“五点金字塔”结构模型，都呈现出大学学科体系绿色有机、和谐完满的生态美学特征。

第二，组织行为学原理适用于指导学科主体教师的生态发展建设。教

① 李枭鹰. 论学科建设的基本原则 [J]. 高教论坛，2005（2）：62 - 64.
② 孔建益，杨军. 地方高校学科建设策略：差异化发展与错位竞争 [J]. 中国高教研究，2008（2）：71.
③ 李枭鹰. 论学科建设的基本原则 [J]. 高教论坛，2005（2）：62 - 64.
④ 刘献君. 论高校学科建设中的几个问题 [J]. 中国地质大学学报（社会科学版），2010（4）：7.
⑤ 翟亚军. 大学学科建设模式研究 [M]. 北京：科学出版社，2011：24.

师发展不光是专业发展，还是全面发展，全面发展也就是一种系统化的生态化的发展。具体而言，组织行为学原理对教师发展的内在逻辑要求主要体现在以下三个层次：

一是组织行为学满足人生存需要原理，要求对人有尊严地生存的基本物质生活条件提供强制性制度性保障。"巧妇难为无米之炊"。任何建设均需要一定的物质保障。学科建设由于其学术性、研究性、前沿性和发展性，对物质条件的要求有其特殊性，并且这种要求还具有发展性，也即是说应随着学科和时代的发展，提供更加优化的甚至具前瞻性的条件，以追求和实现学科发展的卓越的目标。大学应提供教师教学和科研所需的设施设备、图书资料等条件，尽可能给教师提供独立的科研学习与办公场所。将办公研究场所建设作为师资建设的基本保障和条件，无条件推进，并将其纳入办学基本条件加以评估考察。将教师住房建设和社区服务建设作为大学校园建设不可分割的一部分，整体设计规划。这体现了办学者的战略眼光和格局。关心教师生活，有效解决教学工作与家庭生活的冲突，为提高生活品质及专业的可持续发展服务。将教师与职工家属子女安置作为大学以人为本文化制度的一部分，义不容辞担责任尽义务，也是对办学者是否具备基本人性与良知的标尺。例如，沈阳师范大学近年来实行了研究室制度，为具有博士学位的讲师配备研究室，并将研究室作为基层学术组织来加以建设①。丁学良指出，在实验设备落后的地方高校，不少优秀的博士或博士后水平下降很快，这与缺乏基础设施支持直接相关，这也是地方高校难以吸引和留住人才的重要原因。②

二是满足人成长需要原理，要求对人的全面发展及潜能的充分提供制度性激励与保障。正确的理念、文化等精神要素要转化为行为和物质力量，必须有一定的制度和规范提供保障和激励，才能保护和调动人的积极性、能动性和创造性，把工作及其举措落到实处。

三是满足人自我实现需要原理，要求对人的自我实现和高峰体验提供

---

① 蔡珍红. 现代大学基层学术组织特征与治理研究 [M]. 重庆：重庆大学出版社，2012，6：4.

② 丁学良. 什么是世界一流大学 [M]. 北京：北京大学出版社，2004：200.

开放性精神信仰、理念引导和文化熏陶。学科建设首先应培育先进的学科文化、营造良好的建设氛围、明确正确的学科理念，形成学科建设的基本共识。精神是行为的先导，理念是行动的指南，文化是行动的背景，氛围是行为的润滑剂，共识是行动的凝聚与方向。只有让全体教师将教学与研究相结合，将学术研究作为自己的基本工作，将学术生活作为自己的基本生活方式，才能实现将学科建设与教师自我实现及其高峰体验的融合。学科建设精神源于大学精神并与之同步。大学精神就是指大学最内在、最根本、最具活力的品格与气质，也就是独立自由的品格与气质。大学作为一个独特的文化与学术组织，其独立自由的品格与气质首先是追求学术的独立与自由，而追求学术的独立自由，必须以组织实体的独立自由为基础与前提。大学唯有追求学术的独立与自由，才能激发学术的活力、能动性与创造力，才能实现德国哲学家倭铿所说的精神生活哲学的"精神生活的本质在于求超越"的目的。①

第四节　学科建设基本原则

一、学科建设原则研究的现状与问题

梳理现有研究，相对于学科建设基本原理几乎空白的状况，对学科建设原则的研究成果还是比较丰富的。如翟亚军、王战军、李枭鹰、孙宏利等都有论述，王恩华认为学科建设发展遵循的指导思想是：学科建设是龙头，队伍是核心，科研是关键，经济是基础，政策是保障。②

不可否认，以上原则在很多实践中是行之有效的真知灼见。但不难发现，因没有基本理论的指导与支撑，现有学科建设原则将系统原则、要素原则、结构原则和功能原则等不同维度、不同层次的原则统统堆砌杂糅在一起，存在以下问题：一是欠缺逻辑性与层次性，较为"松散"。没有理

---

① 辞海编辑委员会. 辞海 [M]. 6 版. 上海：上海辞书出版社，2009：11 - 55.
② 王恩华. 大学学科建设：学科发展的动力分析 [J]. 科学学与科学技术管理，2002（5）：34.

论基础，原则的提出就缺乏来源和依据，导致"纵向"逻辑性不强；由于原则的提出没有统一的理论与标准，容易出现不同层次的原则的堆砌，导致原则之间"横向"逻辑性不强；二是欠缺完整性与系统性，较为"零乱"。由于没有一个一以贯之的理论作"顶层设计"与指导，原则的提出就比较"随意"与"零散"，互相冲突、残缺不全与不成体系也就是必然的结果。

二、学科建设基本原则：基于系统生态学和组织行为学的分析

（一）原则体系构建的理论依据分析

所谓原则，按字面意思理解就是原本的、原生的、基本的规则。也就是人们依据事物的基本原理和客观规律而确立的，应该自觉遵循的基本行为规范和规则。可见，学科建设的原则的确立有两个要求，一是应来源于其基本原理，与基本原理有直接的渊源关系及其"对应性"，而不应脱离或游离其外，否则就丧失了其基本性和原则性，也就丧失了其逻辑性和严谨性；二是应具有基本、一般、普遍、全面的指导性，具有一般的涵盖性和覆盖面，而不是特殊、个别和具体的方法和规程。综观已有研究，由于很少涉及基本原理，原则的提出缺乏"来源"和"根基"，从而导致原则缺乏"逻辑严谨性"和"体系完整性"，相反，来源的经验性而非理论性、思维层次的"形下"的方法性而非"形上"的哲理性色彩较为浓重。

无论学科是一种知识分类还是一种组织建制，人始终是学科和学科建设的主体，而人始终是一种文化的存在，"人文化成"，"人化"也就是"文化"，在一定历史阶段、发展程度和文化意义上，文化人意识人超越社会人关系人与自然人物质人成为人的本质特征，[①] 而人在最终意义上是一种思维和反思的存在，即表现为一种思维人和反思人的"思维型、研究型、学术型、反思型"存在形态。依据学科建设的两大基础理论来源系统生态学和组织行为学原理，以及文化五大链条：精神文化—制度文化—行为文化—生态文化—物质文化的完整逻辑体系，学科建设的基本原则应遵

---

① 陈明. 教育研究之三境界［J］. 教育理论与实践，2015（32）：3.

循从精神—制度—行为—生态—物质的文化系统生态的逻辑路线和框架体系来确立，其原则体系应由五大原则构成：精神理念引领原则、制度保障激励原则、行为导向人本原则、生态发展和谐原则、物质条件基础原则。

组织行为学原理适用于指导学科主体教师的生态发展建设，教师发展不光是专业发展，还是全面发展，全面发展也就是一种系统化、生态化的发展。系统生态学原理适用于指导学科生态体系与结构建设，可持续、健康、和谐的学科结构体系无疑是一种生态性的结构体系。

（二）五大原则的原理来源与要求分析

1. 精神理念引领原则

精神理念引领原则简称"精神原则"或"引领原则"，基于组织行为学中人的自我实现原理，该原理要求对人的自我实现和高峰体验提供开放性精神信仰、理念引导和文化熏陶。这一原则要求学科建设首先应培育先进的学科文化、营造良好的建设氛围、明确正确的学科理念，形成学科建设的基本共识。精神是行为的先导，理念是行动的指南，文化是行动的背景，氛围是行为的润滑剂，共识是行动的凝聚与方向。只有让全体教师将教学与研究相结合，将学术研究作为自己的基本工作，将学术生活作为自己的基本生活方式，从而实现学科建设与教师自我实现及其高峰体验的融合。

学科建设精神源于大学精神并与之同步。大学精神就是指大学最内在、最根本、最具活力的品格与气质，也就是独立自由的品格与气质。大学作为独特的文化与学术组织，其独立自由的品格与气质首先是追求学术的独立与自由，而追求学术的独立自由，必须以组织实体的独立自由为基础与前提。大学唯有追求学术的独立与自由，才能激发学术的活力、能动性与创造力，才能实现德国哲学家倭铿所说的精神生活哲学的"精神生活的本质在于求超越"的目的。[①]"自由独立的对真善仁美的永无止境的反思与追求"的大学精神"化身"为以下几个方面的理念：大学之大的境界（信仰）上：大学之道，在明明德，在新民，在止于至善；大学的载体学

---

① 辞海编辑委员会. 辞海 [M]. 6 版. 上海：上海辞书出版社，2009：1155.

术（知识）上：学术自由，兼容并包。让自由之风吹拂；大学组织的主体（教师）上：以教师各层次需要的满足与激励为本。所谓大学者，非大楼之谓也，大师之谓也。

2. 制度保障激励原则

制度保障激励原则也称"制度原则"或"激励原则"，基于组织行为学人的发展需要原理，该原则要求对人的全面发展及潜能的充分发挥提供制度性的激励与保障。正确的理念、文化等精神要素要转化为行为和物质力量，必须要一定的制度和规范来保障和激励，才能保护和调动人的积极性、能动性和创造性，把工作及举措落到实处。如孙宏利博士的学科建设6个基本原则就包含制度化原则，王恩华博士的学科建设指导思想中也强调政策是保障，与这一原则性契合。

张卫良认为大学制度应"以人为本"，克服物化管理和工具主义、功利主义倾向，要激励人、尊重人、鼓舞人、爱护人去追求卓越和学术个性的张扬。[①]"授人以鱼，不如授人以渔"，搭建人才机制，比招到人才更重要。人才的运用与培养应像种花种草，领导人拥有的是土地（中介），只要耕耘好土地（中介的人才机制），剩下的就是播下一颗种子，让人才自由生长。应该将精力放在怎样形成机制、提供土壤上，让人才自己去寻找合适的位置，自己成长，将人力资源管理与组织架构设计视为一套能够自我发展的体系。[②]

3. 行为导向人本原则

行为导向人本原则也称"行为原则"或"人本原则"，基于组织行为学的人的需求的全部原理。人的行为源于动机，而动机源于需求。只有不断满足人从低到高的三个层次不断发展的需求，才能将人的需求、动机、行为不断导向优雅与高尚，最终实现人的潜能的充分发挥、全面发展和自我实现，这也是以人为本的终极意义与原则要求。教师不光是学科建设的要素，还是学科建设的主体，是学科建设中唯一能动的、"活"的要素，

---

① 张卫良. 大学核心竞争力理论与实践研究［M］. 青岛：中国海洋大学出版社，2006：107－109.

② 陈威如，王诗一. 中介转型［M］. 北京：中信出版社，2016：268－289.

人是学科及其建设的"活"的载体。学科建设源于人、依靠人、激励人、为了人，人本身才是学科建设的立足点、出发点和归宿。脱离人、无视人的学科建设是无源之水、无本之木和无主之地，必将枯竭、枯萎和荒芜，也必然是一个异化和虚无的存在。从以人为本的意义上看，这一原则也可以称为"导向原则"和"核心原则"。刘献君的"以人为本，人才强校"原则，以及王恩华博士的"队伍是核心"学科建设指导思想，就是这一原则的反映。

行为文化是大学文化不可或缺的重要组成部分，是大学文化完整链条中"承先启后"的环节和"具有能动性的""活的"载体，对整个大学文化的构建和培育具有重要影响和价值。教师行为既是精神的折射与体现，是对大学精神文化的"守望"与"诠释"；也是制度直接规训下的结果与产物，是对大学制度文化的"践履"与"检验"；也受生态的陶冶与滋养，是对大学生态文化的"映现"与"彰显"；还受物质的支撑与保障，是对大学物质文化的"活化"与"超越"。

4. 生态发展和谐原则

生态发展和谐原则也称"生态原则"或"和谐原则"，基于系统生态学的生态平衡和生态美学原理。该原则要求生态系统应具有开放性和生物多样性，从而维持生态系统的稳定性与和谐性，并且认为一个稳定、和谐、协调、可持续的系统具有妙不可言、超乎想象的美学价值。从系统的广度和美的高度来看，这一原则可视为"总体性原则"。如果说其余四个原则偏重于学科组织建制及人的方面，那么这一原则适用于学科的组织建制和知识分类的全部性质，无论是组织建制还是知识分类，其发展均需要符合系统生态学的原理，遵循开放、协调、可持续发展的总体的、基本的原则，也可以称为"发展原则"和"协调原则"。

就空间维度而言，开放就是系统生态的基本态势，唯有开放，系统生态才能在自身内部诸要素之间以及与内外不同系统进行物质、能量和信息的交换，才能维持系统生态的动态平衡和持续发展。学科建设作为一个多要素的复杂生态系统，唯有开放，通过与环境的多方互动以及资源的汇集、互补与交换，才能实现持续发展。就要素、环节与流程的关系维度而言，协调就是要统筹兼顾，处理好学科建设各要素、各学科门类之间的关系，例如重点学科与非重点学科、特色学科与一般学科、优势学科与非优势学科之间的关系，实现平衡、综合和总体优化发展。就时间维度而言，可持续发展就是要综合考虑学科及其体系近期发展与长期发展的关系，近期发展不以损害长期发展为代价和前提。

李枭鹰博士的生态优化原则、系统性原则、适应性原则、发展性原则；孙宏利博士的社会需求原则、开放性原则；刘献君的学科建设五项基本原则均体现了生态和谐发展原则的内涵与要求。李枭鹰认为，学校的学科建设应该重视形成合理的学科门类结构，综合性是达到高水平的重要条件。①

刘献君②、翟亚军、田恩舜等的学科体系呈现出宏观校级多学科、中观院级学科群和微观系级单学科或二级学科专业三级层次结构的观点（见图 5 - 2）③，以及笔者的学科横向类型结构"五点金字塔"模型的观点（五点即哲学、教育学、自然科学、社会科学和人文科学），都呈现出大学学科体系结构动态平衡、绿色有机、和谐完满的生态美学特征（见图 5 - 4）。

5. 物质条件基础原则

物质条件基础原则也称"物质原则"或"基础原则"，基于组织行为学人的生存需要原理，要求对人有尊严地生存的基本物质生活条件提供强制性制度性保障。"巧妇难为无米之炊"，任何建设均需要一定的物质保障。学科建设由于其学术性、研究性、前沿性和发展性，对物质条件的要求有其特殊性，并且这种要求还具有发展性，也即是说应随着学科和时代的发展，提供尽可能好的、更加优化的甚至前瞻性的条件，以追求和实现学科发展的卓越的目标。王恩华博士"经济是基础"的学科建设指导思想就是这一原则的体现。

依据这一原则，大学应给教师提供教学和科研所需的设施设备、图书资料等条件，尽可能给教师提供独立的科研学习与办公场所。将办公研究

① 李枭鹰. 论学科建设的基本原则 [J]. 高教论坛，2005（2）：62 - 64.
② 刘献君. 论高校学科建设中的几个问题 [J]. 中国地质大学学报（社会科学版），2010（4）：7.
③ 翟亚军. 大学学科建设模式研究 [M]. 北京：科学出版社，2011：24.

场所建设作为师资建设的基本保障和条件，无条件推进，并将其纳入办学基本条件加以评估考察。

第五节　学科建设要素与结构

学科建设是一个多要素多维度的复杂生态系统。从结构来看，其结构具有多个层次和多个维度的复杂性。从纵向组织层级看，呈现出校、院、系三层次嵌套结构。从横向知识分类看，体现为多元生态金字塔结构。从组织文化角度看，表现为文化五层次的线性结构。基于不同维度的结构，其构成要素具有不同的形态、内涵与特征。

学科既是知识分类体系，又是建制。知识体系是客体，即研究的对象，而人是主体，是知识的创造者、主宰、目的和归宿。知识的有效发展取决于人的创造性活动的有效组织和创造性潜能的有效发挥。因此，学科内体系建设问题主要是学科建制的有效性问题。正如田长霖先生所说：加州理工学院成为世界知名大学就是依靠两个人，一个是物理诺贝尔奖获得者密立根，他带领实验物理学科进入了世界一流水平；另一个是钱学森先生的老师冯·卡门，他使加州理工学院的航空技术进入世界前沿。[1]

一、大学学科纵向三层级结构及其要素

在"一流学科"建设背景下，有关"学科结构"等基本理论的研究走进诸多学者的视野，受到深入研究和广泛关注。冯向东指出，学科既是一种知识分类体系，同时又是一种组织建制。[2] 因此，学科这一复杂生态系统的结构具有多维度、多层次的复杂性。基于不同维度的结构，其构成要素具有不同的形态、内涵与特征。学科的纵向三层级结构已有学者论述，如刘献君认为，从纵向学科组织建制的层级看，呈现出层级分明的校、

---

① 刘献君. 论高校学科建设 [J]. 高等教育研究，2000（5）：16.

② 冯向东. 学科、专业建设与人才培养 [J]. 高等教育研究，2002（5）：69.

院、系三级嵌套结构形态，对应的纵向知识层级分别为学科点、学科群等。[①] 翟亚军将大学学科建设分为纵向的宏观、中观和微观三个层面。[②] 但经过进一步研究发现，层级划分的依据与逻辑尚有进一步明晰的空间，各层级的要素及其作用有待进一步整合。本书认为，大学学科纵向三层级结构从宏观到微观，划分为三级共计十一个要素（见图 5 - 2 与图 5 - 3）。宏观校级：多学科与跨学科体系建设，包括四个要素——规划设计是蓝图，定位目标是指针，生态结构是框架，资源共享是策略。中观院级：一级学科与学科群体系建设，包括三个要素——基地平台是枢纽，交叉综合是优化，成果转化是拓展。微观系级：二级学科体系建设，包括四个要素——师资建设是关键，学科组建设是基点，研究方向是导向，研究项目是依托。从而构建一个层级逻辑分明，要素及其作用较为完整明确的大学学科纵向三层级结构体系。

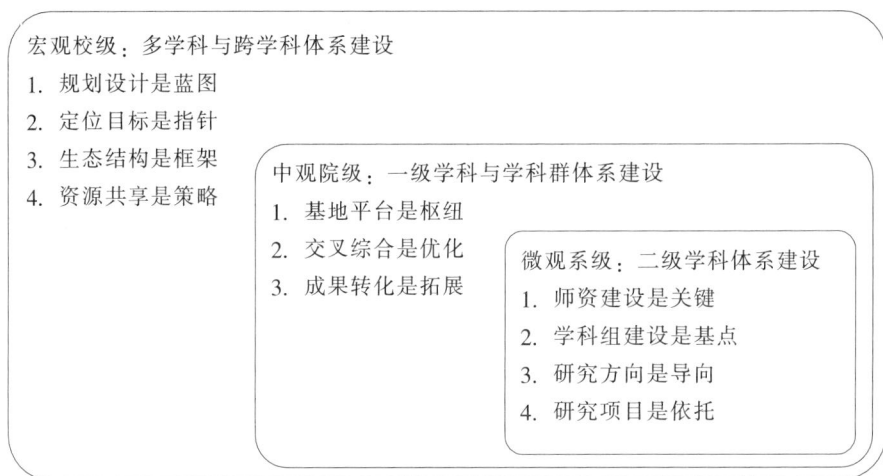

宏观校级：多学科与跨学科体系建设

1. 规划设计是蓝图
2. 定位目标是指针
3. 生态结构是框架
4. 资源共享是策略

中观院级：一级学科与学科群体系建设

1. 基地平台是枢纽
2. 交叉综合是优化
3. 成果转化是拓展

微观系级：二级学科体系建设

1. 师资建设是关键
2. 学科组建设是基点
3. 研究方向是导向
4. 研究项目是依托

图 5 - 2　学科纵向三层次嵌套结构图

---

① 刘献君. 论高校学科建设中的几个问题 [J]. 中国地质大学学报（社会科学版），2010（4）：7.

② 翟亚军. 大学学科建设模式研究 [M]. 北京：科学出版社，2011：24.

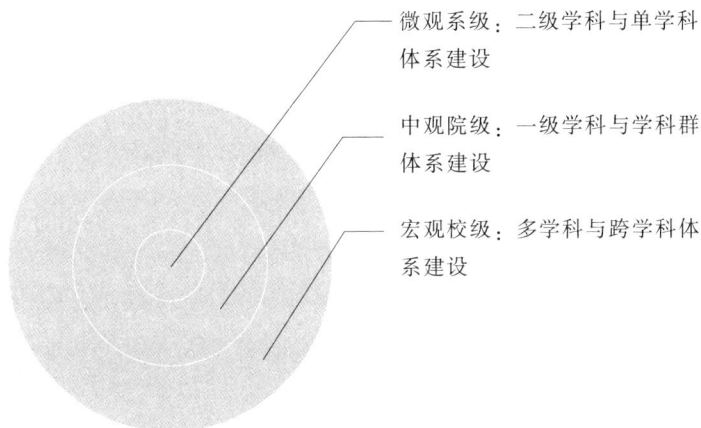

微观系级：二级学科与单学科体系建设

中观院级：一级学科与学科群体系建设

宏观校级：多学科与跨学科体系建设

图 5 - 3 学科纵向三层次基本目标图

（一）微观系级：二级学科与单学科体系建设

相对于学院的一级学科或学科群而言，系级就是二级学科，二级以下也可以分为三级学科或专业，三级学科之下分为不同的研究方向，专业之下分为不同职业岗位类别。对于大学学科建设整体而言，系级二级学科、单学科建设是最基本的单元，也是其基础和核心所在。大学学科体系建设的整体活力源于一个个的系级二级学科、单学科建设的活力。因此，理清系级二级学科、单学科建设内部要素及其关系是单学科及其大学学科体系建设的前提、基础和关键。

系是大学校、院、系三级组织结构的最基层单位，一般依据二级学科或专业设置，也有同级设置学科组、教研室或依据研究方向设置研究所的情形。在校、院、系三级结构中，系是与教师最贴近的组织建制，应坚持"以人为本，以教师为主体"的学科建设理念，关注关怀教师的生活、工作和研究，发挥教师潜能，促进教师专业成长。因此，系级学科建设要素中，师资建设是关键，学科组建设是基点，研究方向是导向，研究项目是依托。

1. 师资建设是关键

在一个人为的系统、组织和生态中，人始终是其主体和核心，也是其目的和归宿，并且是其中唯一具有"主观能动性"的根本要素。毫无疑问，在学科建设这一系统生态中，师资队伍是核心，以人为本是主线。学科发展史表明，一流学科的学术队伍，不仅表现为拥有一流学术造诣和学术声望的学科带头人，还表现为拥有一支年龄结构、学缘结构、知识结构和研究专长结构合理的学术梯队。[①] 系是教师与学科建设发展的基层单位，也是与教师最为贴近的层次。罗云认为，组建学科队伍，首先，必须坚持以人为本；其次，要注意形成合理的结构。[②] 本书认为，师资队伍要点有三：一是要关心教师，为其生活、教学和研究提供尽可能好的基础和条件。应该关心每一个教师，争取学校及校外多方资源，为学科发展及教师自身专业发展、生活保障、品质提升预留空间，同时尽力解决教师专业发展以及生活实际问题，为教师学术的持续发展和生活保障、品质提升创造条件。二是要建立结构合理的学科梯队，有利学科学术积累和持续发展。三是要妥善处理学科带头人、学术带头人和学科负责人的关系，形成合力。

2. 学科组建设是基点

学科组的功能类似于教研室，是学科结构的基点，是学科建设与专业建设的基本承担者。夏宏奎认为，应加强学科建设的制度化建设，逐步实现学科建设组织、人员和条件的"三落实"，要给予学科组在教学、科研、服务方面的自主权，增强学术权力，减少行政权力的干预，激发学科组的自主发展的活力。[③] 大学组织结构的弊端制约学科主体主动性的发挥、阻碍学科之间的交流与融合，强化学科文化的冲突，不利于学科文化功能的有效发挥。为实现学科文化建设的顺利进行，必须根据大学学科群的发展动态对大学组织结构进行适应性调整。陈威如认为，组织良好的架构不再是庞大笨重的集团，老板拍拍脑袋随意调整结构，而是把公司肢解为拥有独立作战能力的有机体，让组织扁平化，让战队小组化，由各个触角的精英来独挑大梁。[④] 因此，在二级学科建立学科组非常重要。

3. 研究方向是导向

研究方向应符合学科知识发展的"大趋势"与"突破口"，才能取得

① 翟亚军. 大学学科建设模式研究 [M]. 北京：科学出版社，2011：21.
② 罗云. 论大学学科建设 [J]. 高等教育研究，2005 (7)：47.
③ 夏宏奎. 论新建本科院校的学科建设 [J]. 江苏高教，2006 (1)：109–110.
④ 陈威如，王诗一. 中介转型 [M]. 北京：中信出版社，2016：306.

事半功倍的最大效应。刘献君认为，学科方向建设是学科建设的基础。要结合学科发展的前沿及社会需求，不断寻找新的、有生命力的、特色的学科生长点。① 学术研究方向是一个内生的结果，而不是一个外加的先决条件或前提，对研究方向的跟风和盲目先定是对教师已有研究基础和持续性科研方向的否定和干扰，从学理上说，教师本人才是该方向的专家，其他人是外行；从研发和社会服务来看，研究方向也要基于领先与优势的基础研究，避免跟风与低水平复制。

4. 研究项目是依托

研究项目既是一种外部的激励与约束，同时也是一种内在的凝聚与驱动。因此，研究项目是学科建设系统生态的动力机制。刘献君认为，项目是学科建设的载体。现代科研离不开项目和资金的支撑，有了项目、资金和相应的资源，才能组织科研队伍并提供科研资料、设施的保障，才能提升科研水平，多出成果和出好成果，从而提升学科整体水平。② 原清华大学校长王大中认为，学科发展要依托科研项目进行。大的项目才更有可能出大的成果，造就大的学者，培养出高水平的研究生，建设高水平的研究基地，从而促进高水平学科建设。③

(二) 中观院级：一级学科与学科群体系建设

院级在校、院、系三级结构中居于承上启下的中心地位，是落实学校顶层设计和相关政策、创造性地建立学科整合优化机制、激发系级学科活力的重要枢纽。应依据大学性质与定位，明确学科群建设方向，不断优化学科交叉融合的整合与成长机制，大力加强基地、中介、中心与大项目建设，促进学科的持续发展。就院级学科建设要素而言：基地中介是枢纽，交叉综合是优化，成果转化是拓展。

学院之间以及学院内部不同系科之间的协作，弥补了学系之间松散的关系。在维系传统的"大学二学院一学系"结构模式下，各种类型的研究

---

① 刘献君. 论高校学科建设 [J]. 高等教育研究，2000 (5)：18.
② 刘献君. 论高校学科建设 [J]. 高等教育研究，2000 (5)：18.
③ 王大中. 大学学科建设和专业结构调整的实践和体会 [J]. 中国大学教学，2002 (11)：8.

中心、研究所、实验室、项目等学术组织相继出现，这些学术组织有虚有实，与传统组织构成了复杂的关系：有的附后于院系、有的独立于院系、有的横跨数个院系等。和学系以学科为基本逻辑不同，这些学术组织大多是以问题为中心组织起来的，它们的使命不是传承和发展学科知识，而是解决有关理论和现实问题，所研究的问题有的只涉及某一学科，有的则涉及几个学科，研究目标往往以项目为导向，具有阶段性与不稳定性。因此，本章把研究中心、研究所、实验室等学术组织作为研究的辅助信息，而把学院和学系作为学科存在的主要样态。①

1. 基地平台是枢纽

各类产学研结合的基地与中介平台，汇集了多种资源、条件和要素，成为学科建设的重要依托和枢纽。原清华大学校长王大中认为，基地是科学研究的依托和平台，可为学科发展提供良好科研条件与科研环境，为科研以及学科发展提供了有力的保障。因此，学科建设离不开重点实验室等研究基地的建设。② 刘献君认为，学科建设必须依托基地来进行。建设高水平的基地对高水平学科以及高水平大学的建设具有基础性作用。③

2. 交叉综合是优化

如果说基地中介是学科建设要素的"集成"，那么学科交叉综合就是知识的"集成"与"聚变"。赵文平等学者认为现代学科的发展呈现出既高度分化又高度综合的对立统一的特征。④ 学科的分化有三种模式，即纵向分化、横向分化和层级分化。学科的综合也有三大类型。一是学科之间的相互融合而形成"交叉学科"或"边缘学科"；二是不同学科从各自的独特视角研究同一门学科，这种学科集群叫作"横断学科"；三是不同学科的综合化和整体化发展趋势。⑤ 程永波、罗云指出，在学科的建设与管理上，国外一流大学都遵循学科发展既分化又综合的规律，建立了适应学

---

① 翟亚军. 大学学科建设模式研究 [M]. 北京：科学出版社，2011：55 – 56.

② 王大中. 大学学科建设和专业结构调整的实践和体会 [J]. 中国大学教学，2002 (11)：9.

③ 刘献君. 论高校学科建设 [J]. 高等教育研究，2000 (5)：18.

④ 赵文平，徐国华，吴敏. 学科发展规律与学科建设问题的研究 [J]. 学位与研究生教育，2004 (5)：24.

⑤ 赵文平，徐国华，吴敏. 学科发展规律与学科建设问题的研究 [J]. 学位与研究生教育，2004 (5)：24.

科发展的科层组织与矩阵结构相结合的管理体制。①

翟亚军认为，从一定程度上来说，学术组织的建制是知识自身的内在逻辑外在制度化的结果，不同学术组织代表不同学科的知识范式和要求，但学科与学术组织之间并不是简单的一一对应关系，一个学术组织往往对应着多个学科。当知识分化在科学发展中占主导趋势时，以知识分支、学科（专业）为基本单位生成大学学术组织的基本方式成为主流，学科以线性的形式架构起大学学术组织，学系成为大学主要的学术组织形式。随着学科向纵深不断发展，学科之间的关联程度也越来越深，交叉学科、边缘学科不断涌现，高度分化和高度综合成为学科发展的两大特征，此时学系已无法实现跨学科问题研究的需要。为弥补学系在组织形式、结构及职能发挥上的不足，20世纪50、60年代以后，一些大学尤其是研究型大学在学系和学院之外成立了很多研究所、研究中心、实验室、研究项目组、论坛等各种名称不一、规模不等、形式多样、机制灵活的大学学术组织，形成了丰富多彩的学科存在样态。②

3. 成果转化是拓展

学院应在重视基地、项目以及学科交叉融合的基础上，进一步重视相关科研成果的转化工作，积极服务经济社会发展，以贡献换支持，以服务促发展。一是要提供保障与激励政策，发挥政策最大效应，充分调动人的积极性、主动性以及各级各类学科组织发展的灵活性、保障性和有效性；二是要提高预见性，为学科发展预留产学研合作的场所空间；三是要不断优化人文氛围，不断优化个人、团队及学科群良性竞争与合作氛围与机制，促进学科、方向、研究院所中心团队小组的分化组合，外引内联。不断优化科研教学与办公条件。构建充满活力又可持续发展的学院。

（三）宏观校级：多学科与跨学科体系建设

校级是学科建设发展的顶层，做好学科建设的顶层设计是校级领导层

---

① 程永波，罗云. 启迪与借鉴：关于国外著名研究型大学学科建设实践的研究 [J]. 黑龙江高教研究，2006（3）：35－37.

② 翟亚军. 大学学科建设模式研究 [M]. 北京：科学出版社，2011：55.

的重要职责。做好顶层设计，必须依据知识发展、人的发展和组织发展规律，把握大学与所属社会市场的生态关系，树立正确的理念愿景，明确定位目标，优化学科生态结构；要将顶层设计落到实处，就要有文化、制度、师资和资源条件的保障。就校级学科建设要素而言：规划设计是蓝图，定位目标是指针，学科生态结构是基础，资源共享是策略。

1. 规划设计是蓝图

在系统论看来，规划设计是一种系统谋划，是一种理想的"拟生成系统"和"预系统"；在组织学中，规划设计不光起到鼓舞人心的凝聚与激励作用，还是一种行动方案与蓝图。在学校层面上，应从全校学科出发，从中选择一两个作为重点加以建设。在学科点层面上，则应从若干学科方向中，选择一个方向，重点突破。①

2. 定位目标是指针

依据系统学原理，定位目标具有"目的性"与"方向性"意义。而在组织理论看来，定位目标具有一定的"激励性"和"约束性"作用。要在大学办学这个大系统的"坐标系"中找准学科建设的目标与定位，必须遵循学科建设发展的规律，即学科知识发展的内生规律、学科建设与大学办学其他建设关系的规律，以及大学与外部社会相互关系的规律。这就要求学科建设的目标和定位，一要遵从大学办学目标和定位；二要明确和统筹考虑学科建设与大学办学其他建设的关系；三要遵循学科自身学术和知识发展的规律和要求。

3. 生态结构是框架

依据系统生态学的原理，大学学科应该是一种多学科共存的有机结构。这种生态结构才有利于多学科的交叉互补、共存共荣，有利于多学科的持续和协调发展。在培育学科生态中，要强调走特色化发展道路。费孝通先生认为："一门学科固然可以挥之即去，却不能召之即来。"② 与形成合理的学科结构相结合，既要有重点优势学科，又要有相关的辅助学科，

① 刘献君. 论高校学科建设中的几个问题 [J]. 中国地质大学学报（社会科学版），2010（4）：9.
② 翟亚军. 大学学科建设模式研究 [M]. 北京：科学出版社，2011：12.

特别是要精心维持和保护那些体现大学精神、支撑人文精神的学科的生存和发展，形成共生互动的学科生态系统。①

4. 资源共享是策略

开放性是系统生态学的基本原理。开放系统只有通过内部各要素之间以及与外部系统生态之间的物质、能量、信息的相互交流与交换，达成互利与共享，才能维持与促进系统生态的不断发展与演化。但比较遗憾的是，目前中国高校无论是学科开放还是科际整合都刚刚起步，对于学科建设影响甚微。有生命力的学科必须是学术共同体的学科，而不能只是某些人的学科。

二、学科横向结构"五点金字塔"模型

在"一流学科"建设背景下，有关"学科结构"等基本理论的研究走进诸多学者的视野，受到深入研究和广泛关注。学科结构包括纵向的学科组织层次结构和横向的学科类型生态结构。就现有研究来看，学者一般只研究和关注学科的纵向结构，如刘献君认为，从纵向学科组织建制的层级看，呈现出层级分明的校、院、系三级嵌套结构形态。② 翟亚军将大学学科建设分为纵向的宏观、中观和微观三个层面。③ 然而，学科的横向结构似乎被忽视甚至遗忘，未被探讨和分析，这不能不说是一种缺憾。如果说学科纵向结构揭示的是各学科组织建制自身的"层次"结构和逻辑，那么，学科横向结构揭示的是大学各学科间不同"类型"之间的结构和逻辑。由此可见，学科横向结构的研究对建构不同类型学科间良好生态、促进大学学科整体的生态平衡和可持续科学发展，均具有不可或缺的地位和不可忽视的意义，尤其在"双一流"建设背景下及其学科大破大立野蛮生长现实中，认识和维护学科良好生态问题尤为突出和迫切，这也是以下拟对学科生态的横向结构进行探讨的原因所在。

---

① 张卫良. 大学核心竞争力理论与实践研究 [M]. 青岛：中国海洋大学出版社，2006：107 – 109.

② 刘献君. 论高校学科建设中的几个问题 [J]. 中国地质大学学报（社会科学版），2010（4）：7.

③ 翟亚军. 大学学科建设模式研究 [M]. 北京：科学出版社，2011：24.

（一）学科横向结构"五点金字塔"模型的要素与内涵

所谓学科横向结构，也就是各学科之间的类型结构。学科既是一种学术知识类别，同时也是一种组织建制。[①] 学科作为大学的基本组织建制单元，一般是通过二级学院和系的组织形式体现的，二级学院和系就是基于学科构建的"学术部落"，二级学院的数量与结构大体反映了大学学科的数量与结构。稍加分析即可发现，这些纷繁复杂并不断演变的学院及其学科虽然关涉领域各不相同，但并不是杂乱无序的，而是始终围绕人类社会认知与实践的几大领域，呈现出一定的稳固的形态结构，即"五点金字塔"模型，从而使被人为分割的学科知识回归一个连续的谱系和一个生态性的整体。学科横向类型结构"五点金字塔"模型的"五点"即五大构成要素，也就是五大学科领域：自然科学、社会科学、人文科学、哲学和教育学。传统的"三大学科"即自然科学（N：Natural Science）、社会科学（S：Social Science）和人文科学（H：Human Science）构成"五点金字塔"模型的"底面"，是模型"形而下"的"基础与支撑"；哲学（P：Philosophy）位于模型"顶点"，是模型"形而上"的"光照与引领"；教育学（P*：Pedagogy，Education）位于模型的"重心"或"中心"，是模型"形而中"的"投射与中介"。

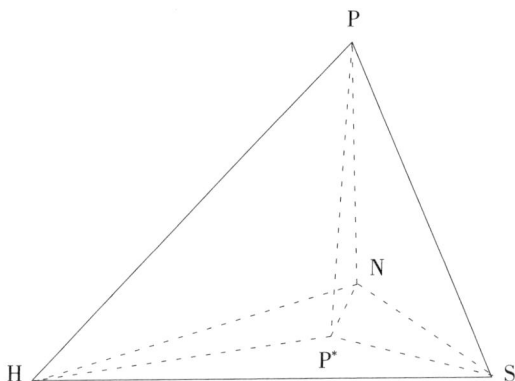

图 5-4 学科横向结构"五点金字塔"模型

---

① 冯向东. 学科、专业建设与人才培养 [J]. 高等教育研究，2002（5）：69.

五大学科领域的基本内涵为：

P（Philosophy）——哲学。英文 Philosophy 由希腊语 Philosophia 演变而来。Philosophia 由 philo 和 sophia 组成，philein 是"追求、爱"之意；sophia 是"智慧"之意。Philosophia 就是"爱智慧"之意，表达的是人类对智慧、真理和终极价值的无尽热爱和不懈追求。中译文"哲学"一词最早出现在 19 世纪 70 年代日本学者西周的《百一新论》中，1896 年前后，经过梁启超、黄遵宪等引介到中国而传播开来。① 据古希腊哲学家赫拉克利特在《论无生物》一书中的记载，古希腊哲学家、数学家毕达哥拉斯第一次使用了 philosophia（爱智慧）这个词语并把自己称作 philosophos（爱智者）。他认为现实中普遍人一生就是为了名与利，成为物欲的奴隶，而唯有 philosophos 以追求真理为使命而乐在其中。而唯有追求真理，才能使人从必然王国进入自由王国，从而获得真正的自由而成为"自由人"。恩格斯认为哲学是"一种建立在通晓思维的历史和成就基础上的理论思维"，冯友兰认为哲学是人对自身及其世界的反思，并认为其他学科只能使人成为"某种类型"的人，而哲学的目标是使人成为一个"完整"的人。黑格尔把哲学喻为"密涅瓦的猫头鹰，总是在黄昏中起飞"，意指哲学是一种"沉思"和"反思"的学问。孙正聿认为，哲学是对"自明性"的追问，把不证自明的东西当成问题，从而促进人类对自己的理解。②

H（Humanistic Science）［拉丁文 humanitas］——人文科学。本意为人性、教养。注重研究个体人的主体意识及其内在联系规律的科学。如处于社会关系中的个体性的意识、知识、思维、行为规范、审美等的规律，包括语言学、宗教学、民俗学、人类学等。人文科学教育旨在维护和发展关于人类权益的崇高目的，关注和思考其中的问题和价值。现代西方人文科学传统，渊源与古希腊哲学，觉醒于文艺复兴时期，真正形成于 20 世纪初。如德国和意大利的新黑格尔主义、新康德主义、柏格森的直觉主义，狄尔泰的生命哲学和胡塞尔的现象学等。③

---

① 辞海编辑委员会. 辞海［M］. 6 版. 上海：上海辞书出版社，2014：2903.
② 孙正聿. 思想中的时代：当代哲学的理论自觉［M］. 北京：北京师范大学出版社，2004：代序 5.
③ 顾明远，等. 教育大辞典［M］. 上海：上海教育出版社，1992：162.

S（Social Sciences）——社会科学。研究社会课题的现象、本质及其规律的科学。它以社会为对象，诸如政治学、经济学、法学、社会学、历史学等。20世纪末，行为科学在社会科学各学科领域得到广泛的应用，并且将社会科学与一些也属于探讨人类行为的学科，比如语言学和人类学等更为密切地联系起来，以此来研究人类在形成制度、组织、团体及其行动中的规律与模式。数学建模对社会科学，尤其是经济学具有深刻影响。

N（Natural Science）——自然科学。关于自然界，包括无机界、有机界的本质及其规律的科学。其研究对象是客观大自然，旨在揭示自然规律，创造和改良生产技术、提高生产力，推进人类社会发展进步。现代意义上的自然科学，直到18世纪才真正形成。19世纪后期，由经验形态变为理论形态，并形成自然科学体系的完整门类：基础科学、技术科学和应用科学。基础科学由基础理论和实验技术组成；技术科学由技术理论和专业技术组成；应用科学由应用理论和生产技术组成。20世纪50年代以来，由于科学的分化和综合趋势的加强，自然科学已形成庞大的体系，就其门类看，实际上是一个复杂的立体结构。①

P*（Pedagogy）——教育学。研究人类教育活动的现象及其规律的科学。从词源上看，Pedagogy源于古希腊语，"ped"为"儿童"之意，Pedagogy本意就是一种对儿童的照料和养育的方法。教育学还有另一个英文词"education"，"edu"为"引出、引导"之意，"education"本为引出儿童的内在兴趣和智慧、引导儿童的成长方向之意。近代以来，教育活动越来越社会化和组织化，在此基础上人类的教育活动不光是要研究教育对象——儿童的成长问题，还要研究教育活动的组织、机构的管理问题。因此，教育可分为两大领域：即学生的教育和学校的管理。依据学生及机构的不同等级阶段，教育又主要分为普通教育和高等教育。教育领域的日益扩张和复杂一方面完全突破了"Pedagogy"和"education"的固有边界，另一方面"Pedagogy"和"education"也难以作为对整个教育领域的源点、基础和观照。庞大复杂的教育学科需要一种"内在统一性"，需要一种基本的学科作为整个学科领域的"形而上"源点、基础、反思与观照，那么

---

① 顾明远，等. 教育大辞典［M］. 上海：上海教育出版社，1992：161.

这个词有学者认为应该是"educology"，① 它相对于"教育—education"这一研究对象，就如同"社会学—sociology"相对于"社会—society"一样。

（二）学科横向结构"五点金字塔"模型建构的内在逻辑

1. 传统三大学科"基础—底面"的"形而下"地位

从结构来说，以总体形式形成科学体系的科学门类，可分为三大分支：自然科学、社会科学和技术科学，一系列科学门类占据着中间地带。而自然科学、社会科学和人文科学，则是西方文化传统对科学分类的另一种表述。② 自然科学、人文科学和社会科学三大学科涵盖了人与世界关系的全部领域，既是人类认识和改造世界的结晶、产物和成果，也是人类进一步认识和改造世界的基础、工具和框架。自然科学揭示了人与自然的关系，人文科学揭示了人与自身的关系，社会科学揭示了人与社会的关系，因此三大学科揭示和涵盖了人与世界的全部关系，由此可见，三大学科领域构成了人类学科结构体系的"三个基本点"和坚实宽厚的"底面"。

现代学科虽然不断进步和发展，体系日趋复杂与庞大，但仍然没有超出传统三大学科构成的基本体系和框架。现代学科发展有两种模式，可称为"分析式"和"综合式"。所谓"分析式"指在原有学科下有新的重大发现并发展成新的"下级学科"或"子学科"，其学科领域归属于其"母学科"；所谓"综合式"主要指三大学科之间的交叉融合而形成新的学科，这类新的学科领域具有很强的"综合性"和"跨学科性"，被称为"边缘学科""横断学科""交叉学科"等。有的尚未具备典型学科的相关特征，只能称为一个"领域"或"问题域"。相对而言，现代学科"综合式"发展更加突出，原因有二：一是表层"实践性"原因。数字化时代人类面临人工智能等复杂的科技问题以及全球化时代人类面临世界性的文化冲突和生态环境问题，其问题解决均需要多学科以及多民族国家的合作与协同。二是深层"学理性"原因。人类面对的既然是一个包括人类自身在其中的完整统一的世界，那么，人类关于世界的知识体系也必然是完整和统一

---

① 唐莹. 元教育学 [M]. 北京：人民教育出版社，2002：代序 21.
② 顾明远，等. 教育大辞典 [M]. 上海：上海教育出版社，1992：1619.

的。三大学科领域的划分并不是知识自身"原形"或固定不变的、终极的形态，而是人类在一定科技历史发展阶段建构知识体系的"主观认识"和"权宜之计"，人类知识体系本身也处于不断发生量变和质变的"范式"革命的"过程"之中。在这一"过程"中，随着"边缘学科"等的不断涌现，三大学科的联系日益密切，界线日益模糊，学科知识体系的完整统一性不断显现。由此可见，既然称这类"综合性"学科为"边缘学科"等，说明其仍然没有脱离或超出三大学科基本框架，仍然是三大学科构成的基本"底面"的一部分及其构成因素。

2. 哲学"光照—顶点"的"形而上"地位

哲学总是"思想中所把握到的时代，是时代精神的精华"。黑格尔认为，一个有文化的民族如果没有哲学，就像一座豪华的庙宇缺乏至圣的神一样。[①] 高海清认为，哲学是一个民族的灵魂，标志其思维和精神所达到的深度和高度。[②] 哲学史是人类艰难而曲折的自我认识史。[③] 通识教育经典《哈佛通识教育红皮书》指出：学问的全部领域更像一个有各种各样的思维方式以不同的程度组合而成的"光谱"，它只有被推至极端时才能接近纯粹。[④] 各学科最高学位都有一个统一的称号——philosophy doctor，直译就是哲学博士，一般称为学术博士，哲学的目的是把事实与价值联系在一起。哲学提出的问题是：人类的期望和理想在万事万物的整体格局中处于何种位置？[⑤] 芝加哥大学校长哈钦斯在《美国高等教育》中认为"大学将由形而上学、社会科学和自然科学三个学院组成"，"探究首要原则的形而上学无所不在，社会科学和自然科学即是建立在这种基础之上的，并服从于它"[⑥]。由此可见，不论是哲学家、教育学家还是杰出校长，一致认为"形而上"的哲学是人类知识与智慧的"光照"与顶点。

---

① 黑格尔. 逻辑学：上卷 [M]. 北京，商务印书馆，1966：2.
② 孙正聿. 孙正聿讲演录 [M]. 长春：长春出版社，2011：339.
③ 孙正聿. 思想中的时代：当代哲学的理论自觉 [M]. 北京：北京师范大学出版社，2004：代序 26.
④ 哈佛委员会. 哈佛通识教育红皮书 [M]. 李曼丽，译. 北京：北京大学出版社，2010：49.
⑤ 哈佛委员会. 哈佛通识教育红皮书 [M]. 李曼丽，译. 北京：北京大学出版社，2010：48.
⑥ 哈钦斯. 美国高等教育 [M]. 汪利兵，译. 杭州：浙江教育出版社，2001：66.

3．教育学"投射—重心"的"形而中"地位

综合来看，人文学科、社会学科、自然学科三分法为底面加上哲学或形上学科为顶点的金字塔构架较具完整性。但不难发现，这一外观完美的金字塔似乎缺少重心，因此就欠缺一种内在的完美。这一重心是什么呢？只能是教育学科。哲学是基于三大学科之上的形上学，是学科结构金字塔体系的顶点，教育学 P*（Pedagogy）则是哲学 P（Philosophy）在三大学科平面上的投影，也是学科金字塔结构的重心和纽带。

"形而中"的教育学作为联系"形而上"的哲学与"形而下"的三大学科之间的"中介"与"纽带"，是"中介论"在学科结构领域的具体应用和体现。张应强认为教育中介论的意义在于启迪中介思维、提供中介制度和建构中介组织[①]。周光礼认为教育中介论的意义就在于形成中层理论。[②]

教育学作为哲学与三大学科之间的中介，体现在两个不可或缺且相互关联的方面。第一，体现在教育学与哲学的关系上：哲学是教育学之母，教育学是哲学的"投影"与"映现"。教育学科具有元学科的性质，具有综合性与边缘性的跨学科特征。[③]教育是与人类社会共存、参与人类自身生产的社会实践活动的普遍的、永恒的范畴。[④]有学者批评"大学研究一切，却并不研究自身"。教育学院（pedagogy or education school）不光研究教育专业自身，而且研究所在的大学的办学以及大学内部各要素之间的关系，包括文理学院的通识教育，因此，从这种较为深刻与广泛的意义上说，教育学院与文理学院（college）有某种相似之处，并与分属三大学科的专业学院（professional school）相区别，而与哲学学院或研究生院具有更深切的联系。王国维认为教育学是来源于哲学的，哲学是教育学之母。[⑤]杜威认为，哲学是教育学的一般理论，教育学就是哲学的社会实验室，从

---

① 张应强. 大学的文化精神与使命［M］. 合肥：安徽教育出版社，2008：419 - 421.
② 周光礼. 政策分析与院校研究：中国高等教育研究的中层理论建构［J］. 高等教育研究，2009（10）：42.
③ 王洪才. 教育学：学科还是领域［J］. 厦门大学学报（哲学社会科学版），2006（1）：18.
④ 顾明远，等. 教育大辞典［M］. 上海：上海教育出版社，1992：19.
⑤ 王国维. 论叔本华之哲学及其教育学说［M］. 沈阳：辽宁教育出版社，1997：51.

而将他的自然经验主义、实验主义（或工具主义）哲学思想，直接在三大学科的教育理论及其实践上加以验证①。第二，体现在教育学与三大学科关系上：三大学科的专业教育必须通过教育学中的"通识教育"思想与模式，在其专业教学中渗透"人文精神"的"思维层次"和"精神境界"教育，才能实现人对"知识整体"的认识和"完整人格"的养成。由此可见，哲学对三大学科的"光照"是通过教育学的"折射"和"映射"这一中介环节和过程实现的。通识教育起源于古希腊的"自由教育"（Liberal Arts），又称"博雅教育"，核心精神在于倡导人的自由和谐发展，培养学生树立正确的价值观和世界观，成为一个"完整的人"，而专业教育作为一种教育力量有其局限性，即它通常并不提供对总体关系的理解。② 刘献君认为，结合专业教学进行人文教育，是深化大学文化素质教育的关键。③

总之，教育学作为哲学与三大学科之间的"中介"，或作为哲学"顶点"在三大学科领域"底面"上的"重心""投影"和"映射"，具有哲学与三大学科之间的双向互动作用。教育理论是否丰富，是判定哲学与三大学科关系是否合理的重要依据。教育学与哲学类似，虽然教育学的"领地"被自然科学、社会科学和人文科学不断"侵占"，其"疆界"被不断"侵犯"，但其凭借对人本身的关切而实现对人所发现和创设的其他学科的"穿越"与"渗透"，犹如哲学"普世光"的"折射"与"投影"，从而实现在广泛的学科领域"处处为家"。④

（三）学科横向结构"五点金字塔"模型的意蕴

1. 在传统三大学科领域金字塔"底面"中，再现人文科学、社会科学与自然科学"形而下"的"基础"与"平等"地位

人文科学、社会科学和自然科学"三足鼎立"，共同构成了学科横向

---

① 杜成宪，郑金洲. 大辞海：教育卷 [M]. 上海：上海辞书出版社，2014：725.
② 哈佛委员. 哈佛通识教育红皮书 [M]. 李曼丽，译. 北京：北京大学出版社，2010：43.
③ 刘献君. 科学与人文相融：论结合专业教学进行人文教育 [J]. 高等教育研究，2002（5）：1.
④ 陈明. 教育研究之三境界 [J]. 教育理论与实践，2015（32）：3.

结构金字塔模型的"底面"，这一宽厚的"底面"构成学科结构的"基础"与"形而下"的部分。然而，值得关注的是，"自然科学"由于与生俱来的"客观性"与"确定性"，以及对生产力显而易见的直接推动作用，受到愈来愈多的重视；相形之下，人文和社会科学由于其"价值性"与"相对性"，以及对生产力作用的"间接性"，而经常受到质疑和非议。甚至在某些时期和阶段，自然科学及其理工类学科大有甚嚣尘上之势，人文与社会科学的独立地位被削弱。这种状况不符合学科发展规律，也必然使"三足鼎立"的学科生态和谐局面受到破坏。

2. 在五大学科领域金字塔"顶点"中，显现哲学学科"形而上"的"光照"与"引领"地位

爱因斯坦认为"如果把哲学理解为在最普遍和最广泛的形式中对知识的追求，那么，哲学显然就可以被认为是全部科学之母"。孙正聿认为，只有当哲学像恩格斯所描绘的那样被驱逐出自然科学领域、社会历史领域以及思维科学领域，也就是只有当哲学"无家可归"的时候，哲学依凭对人自身及其生活世界的反思，犹如"普世光"，从而穿透、超越与"光照"个别的学科，哲学才真正地"四海为家"。①

3. 在五大学科领域金字塔"重心"中，凸显教育学学科"形而中"的"映现"与"中介"地位

从参与角度，教育可分为主体、对象和媒介，其中主体和对象都是人，教育离不开对人性和人的本质的洞察和把握。因此，教育"内在地"具有"主体间性""生成性"和"反思性"，是"形而上"哲学的一种"形而下""映射"。"形而上"的哲学通过"形而中"的教育学这一"中介"的"光照"和"映射""形而下"的传统三大学科领域，所以教育学具有联系哲学与传统三大学科领域的"形而中"的中介、桥梁和枢纽作用和地位，成为五大学科领域金字塔结构的"中心"与"重心"。不难想象，与哲学被放逐的境遇相似，"跨学科"性质的教育学也面临领地被侵蚀、边界被穿越的"边缘化"境地。令人遗憾的是，这一"边缘化"困境在"双一流"建设背景下反而愈加严峻，这种状况不能不引起警醒与关注。

---

① 孙正聿. 孙正聿讲演录［M］. 长春：长春出版社，2011：56.

其实，实践中的"现实困境"根源于理论上的"观念迷失"，对教育学以及人文社科的削弱与取缔不光危及学科本身，还必然危及学科完整生态结构与内涵。

因此，光大教育学科本身，遵循五大学科结构逻辑，维护学科生态平衡成为全体教育界有识之士，尤其是教育学者的使命与责任。钱钟书先生在《围城》里嘲讽教育学科被贬到最低层次的荒诞现实，鲁迅先生在《我们怎样教育儿童的?》中感叹谁能弄明白人是如何被教育熏陶的，则其功德，当不在禹下。① 教育史表明，教育学人对自身栖息的学科这种深沉而又复杂的情愫由来已久并将相伴始终。仿照曹桂林先生《北京人在纽约》中的笔调，这种情愫就是：如果你恨一个人，就让他去学教育，因为它是学术与实践的泥潭与地狱，面临着无尽的理论谜题与现实困扰；如果你爱一个人，就让他去学教育，因为它是学术与实践的圣地与天堂，闪耀着永恒的人性之美与智慧之光。

---

① 鲁迅. 准风月谈·我们怎样教育儿童的? [M] // 鲁迅论人生. 北京：人民文学出版社，2013：111.

第六章 中介机制：以教师发展为本的文化资源建设

大学核心竞争力中介结构体系要实现有效运转，整个体系的激活机制以及将基础资源有效转化为最终产品的转化机制至关重要。张卫良认为，"机制"意为"机器的构造和工作原理"，同时可以解释为"有机体的构造、功能和相互关系"或"一个复杂的工作系统和某些自然现象的物理、化学规律"，也可以叫机理。① 本书认为，机制就是能够把一个系统的主要部分、环节和过程有机联系起来，启发其活力并使其有效运转，以将资源有效转化成"产品"与"结果"的某种原理或制度设计。

大学核心竞争力作为复杂系统及其中介型结构，同样有其内在而独特的机制。这一独特机制，首先，是基于大学教师的特殊性质：大学教师不光是课程和学科建设两大中介的主体，同时还是大学资源的主要受益者、受助者和载体，也就是资源汇集的客体；并且，大学教师具有主观能动性，在建设学科和课程中介的同时，还实现对自身的建设和发展。其次，是基于大学资源的独特性质：由于大学本质上是一种文化组织，因此大学资源具有深厚的文化基因，各类资源均可视为"文化资源"，依据文化资源的五个类别而分别称为精神文化资源、制度文化资源、行为文化资源、生态文化资源、物质文化资源。因此，大学核心竞争力中介体系的机制就是：以大学教师的发展为本的大学五大文化资源建设。也就是，树立以人为本的理念，各类文化资源的开发与建设以教师为中心、为教师的成长与发展提供最大支撑；只有教师发展了，才能为学科和课程中介建设提供优良支撑；唯有学科和课程中介建设发展了，才能为学生品质和学术贡献提供优良支撑。唯有以人为本——抓住教师发展这一中心环节，才能将底层

---

① 张卫良. 大学核心竞争力理论与实践研究［M］. 青岛：中国海洋大学出版社，2006：93.

资源通过课程与学科中介，有效转化为最终产品与成果——学生品质与学术贡献，大学核心竞争力系统各环节才能得以有机联系并有效运转。

第一节　教师发展：资源与学科课程的中介转化机制

一、教师：课程和学科建设主体与资源汇集客体的统一

人是有自我意识的实践主体、认识主体、道德主体和价值主体，也是有自我意识的自由主体。身负重任的经营者要在承认人的自主性的基础上，充分发挥每个员工的积极性，这就是人性化管理的本意。学科建设是多要素复杂的组织系统，这一系统具有独特而鲜明的文化特性。摩根提供了一种从广阔的视角研究组织性质和行为的重要方法。通过使用隐喻，摩根提出了观察组织的 8 种不同方法：作为机器、有机体、大脑、文化、政治体系、心理监狱、流动与转型以及统治的工具。根据摩根的观点，这些隐喻有助于理解组织生活的复杂特点，利于对组织现象进行批判性评价。[①]组织文化根本性的划时代意义在于确定了人的主体地位，以科学的观点，正视人的价值与组织之间的正确关系。

二、大学资源的文化性与人本性

已有研究普遍将学科建设核心竞争力视为某种资源，如教师资源、制度资源、物质资源、文化资源等，但缺乏一条主线将这些零散资源贯穿连接起来，没有也不可能找到有效开发资源来激发资源最大潜能的奥秘。也有人提出学科核心竞争力是某种能力或要素间相互作用的关系的论点，如大连理工大学张立伟认为："通过对大学学科核心竞争力的要素构成的选定与分析可以发现，大学学科核心竞争力是由学科资源和该学科运用资源

---

① MORGAN G. Creative organization theory: a resourcebook [M]. Los Angeles: Sage Publications, 1989: 26.

的能力以及其两者的结合状态所共同构成的。"① 但遗憾的是他未能进行较为充分的论证。这种"资源观"或"要素观"的核心竞争力的要害与缺陷要么是"无人"的核心竞争力，要么就是"无文化"的核心竞争力。本书认为，学科建设系统中，输入的资源无论如何重要，但不是核心竞争力，相应地输出的成果无论如何重大，也不是核心竞争力。那么什么才是核心竞争力？核心竞争力是一种能有效获取资源，并将资源有效转化为成果的能力。学科中最重要、最根本的无疑是教师，但教师抑或名师本身不是核心竞争力，唯有能有效吸引教师和名师，并有效发挥教师潜能出更多更好成果的文化保障体系才是核心竞争力。因为，资源依靠制度去组织、获得与利用，而非相反，而制度需要理念来支撑与指导，否则就是无本之木与空中楼阁。人文化成，以人为本的师资建设需要完整的文化体系来支撑。因此，学科建设的核心竞争力是以教师为本的，由精神文化、制度文化、行为文化、生态文化、物质文化五种文化形态构成的文化保障体系，唯有系统全面的文化保障体系才能吸引教师，成就教师，尽可能发挥教师的最大潜力，最终促进教师的自我实现。其中教师的行为是立足点与出发点，其他四点均以教师的生存与发展、竞争与合作、保障与激励为旨归。因此，学科建设核心竞争力的文化保障体系就是精神文化提升引领、制度文化激励保障、物质文化提供基础、生态文化趋向和谐，行为文化落实体现，核心与根本就是以教师为本。可见，不同于已有"无人""无文化"的核心竞争力，本书主张的是"以人为本"的"文化体系保障"的核心竞争力。不难发现，学科建设核心竞争力的五种文化形态支撑与学科建设的五大原则密切契合，是对五大原则的严格遵循与生动实践；五大原则基于系统生态学、组织生态学和组织行为学三大基本原理，由此形成了从原理—原则—实践的完整链条，从而实现理论与实际的结合，以及逻辑与实践的统一。

---

① 张立伟. 基于核心竞争力理论的大学学科建设研究 [D]. 大连：大连理工大学，2006：22 – 23.

第二节　以教师为本：大学文化管理的本质与应然

一、文化管理是大学管理的最高境界

（一）文化管理就是以人为主体和对象的管理

所谓文化管理，指管理活动必须把文化视为一种环境，一种生态，一种客观存在，必须把人看作是"文化人"，把文化看成是重要的管理因素，讲究管理活动对文化的适应性。① 文化的观点是将组织视为复杂系统，具有自身的体系价值观、礼仪、信念和信念与实践的体系。通过分析社会发展的相关领域有助于辨别组织之间的差异。这些形成鲜明对比的隐喻为我们带来了观察组织的有趣视角。使我们能够以更宽广的视野动态地看待组织行为。② 从行为科学的角度，弗兰奇（French）和贝尔（Bell）给组织发展下了一个综合性的定义："组织发展是由高层驱动并支持的一项长期工作，通过对组织文化（特别是既有工作团队和其他形式的团队的文化）的持续管理和协同管理。实现对组织的愿景、授权、学习和解决问题过程的改进。方法包括聘请咨询顾问作为推动者，使用包括行为研究的应用行为科学的理论和技术。"③ 在这一定义下，弗兰奇和贝尔将文化视为突出内容，因为他们相信文化是组织行为的牢固基石。

大学与企业都需要拥有与发展核心竞争力以获得竞争优势，但二者由于竞争主体的不同性质与目的而有较大区别，企业以产品为对象、载体和手段，以利润为目的；大学以知识为对象、载体和手段，以教师与学生的成长为目的。所以企业注重经济效益与局限于企业本身的短期可预见的回报，而大学注重人本、社会效益与面向整个社会的长期不可估量的回报。因此，大学核心竞争力是为人的生产而构建的能力，一切生产要素的整合

---

① 高山. 大学学科文化管理研究［M］. 北京：中国社会科学出版社，2016：30.

② DRUMMOND H. Introduction to organizational behavior［M］. Oxford：Oxford University Press，2000.

③ 马林斯，克里斯蒂. 组织行为学精要：第3版［M］. 何平，等译. 北京：清华大学出版社，2015：552.

和生产过程的组织都要"以人为本"。[1]

（二）文化管理是大学管理的发展方向

国内大学正从规模扩张逐步走向内涵发展，大学发展正沿着规模竞争、质量竞争、品牌竞争、文化竞争四个台阶拾级而上。[2] 王飞认为人管人、制度管人、文化管人是管理的三个不同层次，认为文化管理是基于人的价值观和人的情绪的管理，以学习型组织的构建、自我控制的实现、自动自发的状态、以人为本的管理理念为基本特征。[3] 从文化的高度理解大学管理，更加自觉和有效从事大学管理，提升大学管理的品位和层次，促进大学管理与大学文化的良性健康互动，是当前大学管理研究的发展趋向。[4] 杨福家指出："大学之所以称之为大学，不仅仅是客观物质的存在，更重要的是在于它的文化和精神的存在。"[5] 韩国文化部长说过让世界肃然起敬的三句话："19 世纪是军事征服世界的世纪；20 世纪是经济征服世界的世纪；21 世纪是文化创造世界的世纪。"一个没有文化的组织就像一个没有灵魂的人，虽然存在，但已死亡。要想让组织"基业长青"，必须从塑造组织文化开始。组织文化是组织管理的最高境界，它以个人价值观为基础，与组织使命相适应，体现着创始人的风格，又随环境不断变迁。组织是由人构成的，组织管理说到底是对人的管理。[6]

二、以人为本是文化管理的内在逻辑

人是有自我意识的实践主体、认识主体、道德主体和价值主体，也是有自我意识的自由主体。身负重任的经营者要在承认人的自主性的基础上，充分发挥每个员工的积极性，这就是文化管理的本意。组织本身是不

---

① 张卫良. 大学核心竞争力理论与实践研究［M］. 青岛：中国海洋大学出版社，2006：53.

② 高山. 大学学科文化管理研究［M］. 北京：中国社会科学出版社，2016：1.

③ 王飞. 大学管理：应上升到文化管理的层次［J］. 广西青年干部学院学报，2006（5）：35.

④ 高山. 大学学科文化管理研究［M］. 北京：中国社会科学出版社，2016：20.

⑤ 杨福家. 关于如何办好大学的思考［N］. 学习时报，2008 – 08 – 09.

⑥ 马作宽，王若军. 组织文化［M］. 北京：中国经济出版社，2009：前言2.

会发生变革的。正是那些组成组织的人决定了组织文化、发展和变革。因此，对组织文化和变革的研究应集中在对个体行动、行为和有效性的研究上。① 大学作为独特的学术组织，学术和知识在其中占有重要位置，但人具有主体性、主导性和能动性要素，人才是知识的传承者和创造者。这是大学建设必须以人为本的立足点。因此，以人为本的大学建设文化制度与物质条件保障始终是贯穿其中的红线，人是核心要素，学术领域中人的最大秘密在于人的基本需求以及学术发展需求的满足。需要牢记，被管理的是人，应当从人的角度来思考人。与物质资源不同，人力资源并不被组织拥有。人们首先会对组织、管理体系和管理风格、个人的职责、工作条件等形成自己的认知、感觉和态度。成功管理的核心是将个体与组织整合在一起，这需要对人性和工作组织都有深刻的认识。

伊根（Egan）指出了关注组织背后的重要性，即那些在组织结构图上或公司手册中发现不了的东西，那些隐秘的、没人会去讨论的员工活动，而这些活动优患同时影响组织工作生活的效率和质量。② 人与组织彼此需要。管理是这种关系的主要组成部分，它本质上是一种渗透到组织运行各方面的整合活动，并且应当使人们在改造的需求与组织需求相一致。管理层应该努力在构成整个组织的观念因素之间创造平衡，并将这些因素紧密融合，已构成一致的、最能适应组织所处外在环境的活动方式。要求管理者有对人性的深刻洞察，更重要的是良善，以人为本，认真考虑人们心甘情愿和有效工作的组织氛围。③ 研究表明，许多人与组织关系的问题并非来自管理层的决策和行动，而是取决于决策与行动的执行方式。在很大程度上，不是意图而是执行方式成为员工不安和不满的根源。例如，员工可能会同意（即使不情愿）引进新技术以满足组织保持竞争效率的需要，但不满于缺少预先的计划、咨询、在培训项目，不能参与新的工作实践和薪酬比率的决策，以及其他因技术引进所引起的类似考虑。因此，管理者和

---

① 马林斯，克里斯蒂. 组织行为学精要：第3版［M］. 何平，等译. 北京：清华大学出版社，2015：551.

② EGAN G. The shadow side［J］. Management taday，1993（9）：33-38.

③ 马林斯，克里斯蒂. 组织行为学精要：第3版［M］. 何平，等译. 北京：清华大学出版社，2015，2：15.

管理层的活动对流程、体系和管理风格负有重大责任。必须关注工作环境，要有适当的激励、关注满足与奖励体系。重要的是要记住，只有通过有组织的人，组织绩效的改进才能实现。①

三、以教师为本是大学文化管理的本质要求

杜嘉华认为，"以人为本"的大学管理理念是大学管理文化的灵魂。人才资源建设、建立人性化的创新教师管理机制和树立"以教师、学生为本"的管理理念，增强民主管理和服务意识，是大学人本管理文化建设的主要内容。② 马士斌指出："在竞争的条件下，影响高校竞争力的因素很多，人的因素是高校的核心竞争力，它体现在一所高校员工的数量、素质、结构、配置、激情、合作与竞争等七个方面。"③ 组织文化根本性的划时代意义在于确定了人的主体地位，以科学的观点，正视人的价值与组织之间的正确关系。梅贻琦先生早就说过，办学校，特别是办大学，应有两种目的，一是研究学术，二是造就人才；还必须有两个必备的条件，其一是设备，其二是教授。"所谓大学者，非旧有大楼之谓也，有大师之谓也。"④ 这番话的实质，是认为在大学里，好教授，特别是大师，比图书、仪器设备和校舍建筑更为重要。按照现在的话说，就是好教授，特别是大师，是一所大学文化的主要载体和人格化的主要象征。⑤

第三节　精神文化提升引领

大学文化是一个包括精神文化、制度文化、行为文化、生态文化和物质文化的完整体系。在大学文化层次结构中，精神文化属于"形而上"的

---

① 马林斯，克里斯蒂. 组织行为学精要：第 3 版 [M]. 何平，等译. 北京：清华大学出版社，2015，2：15.
② 杜嘉华. 论以人为本的大学管理文化建设 [J]. 临沂师范学院学报，2006（4）：55.
③ 马士斌. "战国时代"：高校核心竞争力的提升 [J]. 学海，2000（5）：46
④ 梅贻琦的就职演说，原载于《国立清华大学校刊》第 341 号。
⑤ 丁学良. 什么是世界一流大学 [M]. 北京：北京大学出版社，2004：136.

地位，精神文化对于其他"形而中""形而下"的文化层次起着引领和提升的作用。毫无疑问，大学精神文化所代表和展现的文化精神，决定了大学文化整体的独特气质、品味和格局。梳理现有文献，目前学界的普遍共识是，大学文化在一流大学建设发展中起引领作用，其中精神文化又是大学整体文化的核心与"形而上"的文化。但笔者发现相关研究并未将大学精神"内在"本质与大学精神"外化"文化作出明确区分，从而导致大学精神"内在"本质与大学精神"外化"文化的研究存在两大问题：一是没有从精神哲学和文化哲学的理论出发，研究基础与顶层设计较为薄弱，欠缺理论彻底性；二是对大学精神"内在"本质的多重性与大学精神"外化"文化的要素与逻辑关系缺乏分析。后一点也是前一点欠缺理论基础与本质分析的必然后果。这两大问题，造成现有研究的本质歧义、要素堆砌、逻辑模糊、结构松散，研究"泛化"的现状，削弱了理论的说服力以及对实践的指导性。笔者认为，大学精神的本质基于中国传统哲学的精气神学说、天人合一学说以及德国黑格尔的精神哲学、倭铿的精神生活哲学理论，具有精、气、神三重内涵，即起于精（气质），成于气（性格），终于神（境界）。大学精神文化基于柏拉图的理念论，由大学精神本质化身、分身为大学理念、宗旨、愿景和使命，换言之，大学理念、宗旨、愿景和使命"分有"大学精神本质，共同构成大学精神文化的结构体系。当然，大学精神文化体系作为一个整体，又是整个大学文化体系的核心和"形而上"的部分。

一、大学精神

（一）大学精神的基本定义

精神，依据《说文解字》的释义，精是由米和青组成，本意是大米中最优质的部分，延伸意义为用最丰厚的营养来滋养。神，由衣和申组成，衣代表人，申由中间的田字而现，上下贯穿，顶天而立地，意为人在衣食具足条件下贯通天地，超越自身而通神。故精神意为人受天地滋养德配天地，其思维可超越自身遨游天地；其气概可充塞环宇横贯天地。依据《辞海》释义，所谓精神，指人的内心世界现象，包括思维、意志、情感等有意识的方面，也包括其他心理活动和无意识方面。英文中，精神为 spirit，也指烈酒，可理解为在烈酒的激发下，人的思维的艺术性和超越性被激活，人的气概上的"英雄情怀"和"浩然之气"被激发。总之，无论中外文化，精神总与人的最根本的主观能动性相连，关涉思维与气概，不过激发因素与口味稍有差异，中国喜米，平和而温厚；西方嗜酒，浪漫而激情。

由此可见，所谓精神，可以定义为，万物最内在、最根本、最具活力的品格与气质，也就是独立自由的品格与气质。因为独立与自由相互依存，而独立自由是活力的源泉，是事物能动性、创造性和灵性的基本前提。因此，所谓大学精神，就是指大学最内在、最根本、最具活力的品格与气质，也就是独立自由的品格与气质。

（二）大学精神的理论基础

大学精神有三大理论来源和基础，即中国哲学的精气神理论、德国倭铿的精神生活哲学和德国黑格尔的精神现象学。

中国哲学的精神理论具有自然而深厚的中医学基础。依据中国哲学及中医学的精气神学说，精，主要指肾中所藏之精，禀受于先天，受后天精气之滋养而充盈。肾精化生元气，运行全身，促进人体的生长、发育和繁殖，并具有推动和调节全身的生理活动的功能，是人体生命活动的物质基础。气，指肾精化生之气，水谷精气和自然界清气组成人体整个的精气，是人体生命活动的动力。神，指人体生命活动的主宰，即宗教及神话中所指的主宰物质世界的、超自然的、具有人格和意识的存在。神由精气所化生，亦需精气所滋养，才能进行正常的生理功能活动，即所谓"精气生神，精气养神，神有统御精气的作用"。三者可分而不可离，尤其重视神的作用，因为神是精气与一切生命活动的主宰。历代养生家都重视"养气""积精""全神"，称之为人生"三宝"。①

德国倭铿的精神生活哲学阐明了精神生活的实在性，即主体与客体的统一。其精神生活哲学认为，精神生活具有实在性，它既是自我生活（主

---

① 辞海编辑委员会. 辞海 [M]. 6 版. 上海：上海辞书出版社，2009：1154.

体），又是宇宙生活（客体），是主客体的一致。精神生活充塞于宇宙和历史之中，个人要渗入其中，须同非精神生活或低级生活不断斗争，这是真正的生活过程，也是求真的过程。真理不仅是判断的正确，而且是生活真有所得，即促使表现宇宙的"自我"或"人格"得到实现。精神生活的本质在于求超越。精神生活的最高境界是"与天地合一"，如道德生活和宗教生活。

黑格尔的精神现象学展现了绝对精神的自我运动，即主观精神和客观精神的统一。其精神现象学认为，精神从自发到自觉要经历若干阶段，包括意识、自我意识、理性、精神（伦理、道德、法权）、绝对精神（艺术、宗教、哲学），并把这些阶段说成是人类精神在历史上经过的发展阶段的缩影，从而得出人类精神发展的历史与逻辑最终统一于绝对精神的结论。黑格尔的精神哲学是"研究观念由他再回复到自身的科学"。它所研究的是绝对精神发展的第三阶段即精神阶段。在这阶段中，绝对精神先后表现为主观精神、客观精神及两者的宗全统一，即绝对精神。①

以上三大理论基础并非割裂和孤立的，而是具有逻辑一致性，互为阐发与印证，从而成为"大学精神"共同的理论来源和基础。中国哲学"精气神学说"中的"肾精禀受于先天"，基本对应于黑格尔哲学的"客观精神"和倭铿哲学的"客体"，以上三大理论均指明世上万物都具有"独立、自由"的自然和天赋权利；中国哲学的"肾精化生元气"对应于黑格尔的"主观精神"和倭铿哲学的"主体"，均指明人作为主体和万物尺度的主观能动性，这种主观能动性表现为"创新性、批判性和超越性"；中国哲学的"精气生神养神，神有统御精气的作用"对应于黑格尔的"绝对精神"和倭铿哲学的"主客体的统一"，均指明主客统一、天人合一的通"神"达"道"的"大学之道……止于至善"的境界，也就是"真善仁美"相统一的境界。

（三）大学精神本质的三重性

所谓本质，"本"为本体或来源，延伸为动力或动机，"质"为性质或

① 辞海编辑委员会. 辞海 ［M］. 6 版. 上海：上海辞书出版社，2009：1155.

目的，延伸为价值与需要。本与质是一体两面、不可分离的，故本体与价值、动力与目的、动机与需要也是一体两面、不可分割的。"本"为事物存在的根本与依据，"质"为事物存在的价值与目的。从"本"的根本与依据角度看，精神为事物内禀、内在的动力与动机。世界万物作为独立个体，其存在的根本在于自由与独立，否则失去个别存在的前提与依据；自由与独立的关系是，独立是基础、前提与保障，自由是目的、价值与追求。自由源于独立，追求自由理想而没有自身的存在独立性，则自由失去前提、依托和保障；独立是为了自由、发展与解放，独立而不生发和追求自由，则独立失去目的、价值与意义。

从逻辑也即目的论的视角看，独立自由的精神本质必然衍生出批判、反思、包容和创新精神。自由因独立的保障，必然会体现出一种无依附、无羁绊的超越性发展性品质，这种超越性品质具有不同的维度与表现。在人我关系上分为内、外两个维度，对外亦即人际表现为和而不同的批判精神，对内亦即自我表现为自我更新的反思反省精神；在时空关系上同样展现为两个维度，即在共时的空间维度上对大千世界表现出生态和谐的包容共生精神，在历时的时间维度上对宇宙万物表现出万象更始的创新创造精神。从"质"的价值与目的角度看，独立自由的精神本质必然体现为一种追求、向往自身完满和完美的要求，也就是一种"真、善、仁、美"的目的性价值性要求和追求，从而实现目的性与价值性的统一。

从历史也即发生学的视角看，大学精神源于大学自身所固有的不同于其他组织的独立与自由的基本属性与特征，换言之，独立与自由既是大学精神的逻辑"基点"，也是其发生学意义上的"起点"；经由大学"独立与自由"的"基因"，在大学作为学术文化组织的特性的作用下，形成和发展出"创新性、批判性和超越性"的独特品格；再经由"创新性、批判性和超越性"的独特品格，追求"止于至善"的价值与目的，臻致"真、善、仁、美"统一的境界。

综上所述，大学精神的本质，依据中国哲学以及中医学理论，具有精、气、神三个维度，换言之，精、气、神亦大学精神本质的三重性，大学精神的本质是精、气、神的辩证统一。这种辩证统一，既是逻辑与历史的统一，也是目的与价值的统一。精为大学精神本质的根本、依据与前提，即自由与独立之气质；气为动机、动力与生发，是精的衍生、流布与周行，即批判、反思、包容与创新之品格；神为目的、价值与归宿，即追求"真、善、仁、美"之境界。依据中国哲学"积精""养气""全神"，以及"精气生神，精气养神，神有统御精气的作用"的观点，大学精神的"精、气、神"三重本质的内涵是：起于精，即起于"独立、自由"的文化气质；成于气，即成于"创新性、批判性、超越性"的文化性格；终于神，即止于"天地人"合一、"真、善、仁、美"统一的文化境界。"天行健，君子以自强不息；地势坤，君子以厚德载物；人道仁，君子以和而不同。"不同是独立存在的依据和根本的本的规定性，和则是内方外圆的生态和谐的共生的质的要求。

大学精神就是指大学最内在、最根本、最具活力的品格与气质，也就是独立自由的品格与气质。大学独立自由的本质要求大学组织的相对独立性，换言之，唯有大学组织的相对独立性，才能有效维护大学独立自由的本质免遭异化和侵蚀。大学作为一个独特的文化与学术组织，其独立自由的品格与气质首先是追求学术的独立与自由，而追求学术的独立自由，必须以组织实体的相对独立自由为基础与前提。大学唯有追求学术的独立与自由，才能激发学术的活力、能动性与创造力，才能实现倭铿所说的"精神生活的本质在于求超越"；大学唯有组织实体的相对独立与自由，才能真正保障学术追求的独立与自由。毫无疑问，大学的精神本来就应该是自由的，没有学术自由，大学就徒有虚名、空有外壳。法国哲学家雅克·德里达（Jacques Derrida）在他于2001年9月中旬的上海之行所作的《Profession的未来或无条件大学》的学术演讲中指出："大学是应该把自由地探讨真理作为无条件的原则的唯一机构。"① 人的精神与大学精神的本质是对自由与解放的向往、追求、神往和景仰，在自我实现的道路上追求卓越，永无止境。由必然到自由，精神引领与激励人类从"世俗性"到"神圣性"的不断超越与前行。

相较于国际高等教育研究的"问题导向"，国内高等教育研究一开始

---

① 丁学良. 什么是世界一流大学 [M]. 北京：北京大学出版社，2004：39.

就较为注重"学科导向"，这从中国高等教育学会第一次会议的名称"全国高等教育学科建设研讨会"就有所体现，第二次、第三次会议主题也是围绕"学科建设"和"理论研究"而展开，潘懋元先生呼吁要"加强高等教育理论的研究工作"，但同时承认，受诸多因素影响，国内高教学科建设及其理论研究尚未摆脱困境："正因为高等教育基本理论一般不能直接转化为社会实践，在市场经济条件下，研究课题申请立项难、研究成果出版难、开会经费筹措难。"① 高教研究一直存在"问题导向"与"学科导向"之争。其实，二者之间不是非此即彼的关系，而是相互依存和共存的。学科基本理论研究是学科建设的重要基础，一方面，由于基础理论研究具有"难度"，对某一基本理论问题有不同的解读乃至形成不同甚至对立的学派或"学说"并不罕见；另一方面，基础理论研究对高教实践的回应较难"立竿见影"，导致基础理论研究被有意无意地"边缘化"。"当今高等教育学之'内忧'是高等教育学学科建设薄弱、理论建构不足、对实践的解释力微弱，属于知识性危机。"② 这一危机使学界普遍意识到，"作为学科'基础建设'的理论研究和提升理论研究水平始终是高等教育学科建设的重要内容与努力目标"③。

（四）大学精神文化的原理

大学精神文化的基本原理源自柏拉图的理念论。依据《辞海》释义④，理为玉石的纹路，引申为物的文理或事的条理。通常指条理、准则或规律。理念，英文为 idea，意为思想、目标和意图。⑤ 理念与观念同义⑥。观念，译自希腊语 idea，通常指思想，有时亦指表象或客观事物在人脑中留下的概括的形象，它在西方不同哲学家的表述中具有不同含义，但以柏拉图的理念论最系统和完整，奉为经典。在客观唯心主义哲学中，常译作

---

① 潘懋元. 加强高等教育理论的研究工作 ［J］. 高等教育研究，1994（1）：13.

② 李均. 也论高等教育学与教育学的"因缘"［J］. 高等教育研究，2016（4）：53.

③ 胡建华. 中国高等教育学科发展40年 ［J］. 教育研究，2018（9）：24.

④ 辞海编辑委员会. 辞海 ［M］. 6版. 上海：上海辞书出版社，2009：1348.

⑤ 霍恩比. 牛津高阶英汉双解词典：第八版 ［M］. 赵翠莲，等译. 北京：商务印书馆，2014：1040.

⑥ 辞海编辑委员会. 辞海 ［M］. 6版. 上海：上海辞书出版社，2009：1348.

"理念""相"或"客观理念"，亦有译为"理式"的。柏拉图用以指永恒不变而为现实世界之根源的独立存在的、非物质实体。在康德、黑格尔等人的哲学中，指理性领域内的概念。康德称理念为"纯粹理性的概念"，指从知性产生而超越经验可能性的概念，如"上帝""自由""灵魂不朽"等。黑格尔认为理念是"自在而自为的真理—概念和客观性的绝对统一"；在主观唯心主义哲学中理念通常被归结为主体的感觉、印象或产生世界的创造本原，它是事物的"涵义"或"本质"；在英国经验哲学中，理念指人类意识或思维的对象，即感觉与知觉。唯物主义的经验论者洛克认为观念来自对外界事物或内心活动的观察；唯心主义经验论者贝克莱认为外界事物是"观念的集合"或"感觉的组合"；在休谟哲学中，理念指回忆起来的印象或想象到的印象①。

理念论源自古希腊柏拉图的客观唯心主义学说，其认为理念是独立存在于事物与人心之外的实在，它是事物的原型，事物不过是理念不完善的"摹本"或"影子"。事物之所以存在，是因为它们"分有"了理念。理念是永恒不变的、绝对的，是唯一真实的存在。个别事物是变化无常的、相对的、不真实的、理念构成理念世界，只能为思维所认识。个别事物构成感官世界，对他们的认识只能形成"意见"，意见是可真可伪的。理念世界是按照等级原则组织起来的。最高的理念是"善"的理念。对理念的认识是真正的知识，只有借助于"回忆"才能获得。② "回忆说"是古希腊柏拉图的认识论学说。所谓"回忆说"是认为真正的知识是对理念的认识，是人出世以前灵魂早就有了的，但在灵魂投生到人体以后，由于肉体的玷污，它被暂时遗忘。人们要得到知识，只需唤起灵魂对理念的回忆。认为只有摆脱肉体的干扰，才能重新获得对理念的认识。柏拉图认为辩证法就是灵魂"回忆"理念的方法。③

依据柏拉图理念论原理，大学精神文化体系中最原始和核心的概念是大学精神，其他概念均是由对大学精神这一理念的"分有"而来。大学精

---

① 辞海编辑委员会. 辞海 [M]. 6 版. 上海：上海辞书出版社，2009：763.
② 辞海编辑委员会. 辞海 [M]. 6 版. 上海：上海辞书出版社，2009：1350.
③ 辞海编辑委员会. 辞海 [M]. 6 版. 上海：上海辞书出版社，2009：975.

神是一种信仰、境界、气质和品格，由大学精神本质"分身"为大学理念、愿景、使命、宗旨和职能等，换言之，大学理念、愿景、使命、宗旨和职能等"分有"大学精神本质，成为大学精神文化的六大结构性要素，共同构成大学精神文化的结构体系。

（五）大学精神文化的要素

依据理念论原理，由大学精神本质"分身"为大学理念、愿景、使命、宗旨和职能等，它们共同组成大学精神文化体系的六大要素。

1. 大学精神

从词源与意义上看，依据《说文解字》的释义，精是由米和青组成，本意是大米中最优质的部分，延伸意义为用最丰厚的营养来滋养。神，由衣和申组成，衣代表人，申由中间的田字而现，上下贯穿，顶天而立地，意为人在衣食具足条件下贯通天地超越自身而达"道"。故精神意为人受天地滋养德配天地，其"精妙之思"可思接千载神骛八极，其"浩然之气"可充塞寰宇气贯长虹，由此可见，精神具有超越性。依据《辞海》释义，所谓精神，指人的内心世界现象，包括思维、意志、情感等有意识的方面，也包括其他心理活动和无意识方面。精神的英文为 spirit，也指烈酒，引申为在烈酒的激发下，人的思维上的超越性和审美性被激活，人的气质上的"英雄情节"和"浩然之气"被激发。总之，无论中外文化，精神总与人的最根本的主观能动性相连，关涉思维与气质。这种思维与气质的具体表现就是"超越性"，也就是"自由"。

从逻辑与性质上看，"自由"精神基于事物自身赖以存在的独特属性，而独特属性必源于其独立性。丧失独立性必然产生依附性，而依附性必然导致"奴性"，遮蔽和削弱其独特属性从而使自由精神精消神毁、光芒黯淡。显而易见，"自由"是精神的"灵魂"与"归宿"，"独立"是自由的"基础"与"条件"。没有独立的自由是虚幻的海市蜃楼，而没有"自由"的独立则是毫无意义的荒漠与废墟。因此，精神具体表现为"独立"与"自由"。"独立"与"自由"是一体两面，不可割裂，精神就是"独立"与"自由"的统一。由此可见，所谓大学精神，就是大学的最内在、最根本、最具活力的品格与气质，也就是独立自由的品格与气质。独立与自由是大学活力的源泉，是其能动性、创造性和灵性的基本前提。

2. 大学理念

有的学者提出，大学理念就是指人们对大学的理性认识、理想追求及其所形成的教育思想观念和教育哲学观点。① 有的学者认为，大学理念是人们对大学精神、性质、功能和使命的基本认识，是对大学与外部世界诸元素之间关系的确定，是内部管理及运转的哲学基础。② 还有的学者提出，大学理念是指人们在对教育规律的认识的基础上所形成的关于大学的性质、职能、使命、目的、大学与社会的关系等一系列大学基本问题的理性认识。③ 从中可以发现，他们都认为大学理念是一个上位性、综合性的高等教育哲学概念，对大学的发展具有规范和定向作用。正如潘懋元先生所言："大学理念虽然是一个上位性、综合性的高等教育哲学概念，但它不仅反映高等教育的本质，而且涉及时代、社会、个体诸方面的因素。"④

本书认为，所谓理念，就是人关于某一事物的理性的观念，换言之，也就是对事物本质或规律性的认识。依据理念论"分有"原理与方法，大学理念就是从大学的主体、载体、对象和外部关系的不同维度上，对"独立、自由、批判、创新、超越、求是、臻美"大学精神三重本质的"理性化""分有"与"外化"。大学理念，关涉大学两个最基本要素——人与知识的理性认识，其中对人的认识有三个层面，一是学生，亦即教育对象；二是老师，亦即办学主体；三是由人组成的社会，亦即大学系统与外部社会系统的联系。而高深知识是大学教研活动的媒介、载体和结晶。因此，大学理念也就是要阐明大学对学生发展、对老师发展、对社会发展以及对知识发展的希望、要求、担当、追求与责任。因此，大学理念可分为关于学生、教师、社会、知识的四种理念，也可依据大学活动性质分为办学理念和教育理念。办学理念是一种基于大学组织的发展理念，关注的是大学作为学术文化组织与其内部教师的关系以及大学作为社会组织与外部

---

① 韩延明. 大学理念论纲［M］. 北京：人民教育出版社，2003：69.

② 转引自刘宝存. 大学理念的传统与变革［M］. 北京：教育科学出版社，2004

③ 刘宝存. 大学理念的传统与变革［M］. 北京：教育科学出版社，2004：15.

④ 潘懋元. 多学科观点的高等教育研究［M］. 上海：上海教育出版社，2001

社会市场的关系；教育理念是针对大学教育的对象，同时也是自我教育的主体的学生的理念。办学以教师为本，办学理念包括关于教师和社会的理念，主要阐明对保障教师自由发展及服务社会持续发展的承诺和愿望；教育以学生为本，教育理念包括学生和知识的理念，主要阐明对学生人格成长和追求知识的要求和希望。

大学理念不只体现在经典里，在现实中也常常以校训的形式表现出来。例如，西南联大的"刚毅坚卓"、清华大学的"自强不息，厚德载物"、厦门大学的"自强不息，止于至善"，主要体现对学生乃至教师人格完善的理念；北京大学的"思想自由，兼容并包"、斯坦福大学的"让自由之风劲吹"，主要体现对教师以及学术自由的理念；哈佛大学的"与柏拉图为友，与亚里士多德为友，更重要的是与真理为友"主要体现对知识与真理的不懈追求的理念；哈佛大学的"进来为追求知识和真理，出去为服务国家和人民"、柏林大学的"哲学家们只是用不同的方式解释世界，而问题在于改造世界"，主要体现服务社会持续发展理念。这些理念深深契合大学人与知识的本质和规律，闪耀着人类智慧之光，已成为永恒的经典。

3. 大学愿景

依据《辞海》释义，愿景指所向往的前景。① 英文为 vision，意为视野、想象、意象、图景、神示。② 愿景就是对大学未来地位和品位或境界的"蓝图性"描画。这种"蓝图性"描画总是以综合实力排名、社会地位与影响来表达，具有一种"未来性""前瞻性""指向性"和"理想性"。地位指社会地位与重要性，品位或境界主要指对学生和教师发展与"自我实现"的提供的优良保障与呵护。愿景中的品味与境界不应涉及知识方面，原因有二，一是知识与理念中的"理性"更相恰合，知识发展一般在理念中阐发更具意义，二是愿景主要是一种充满"人性化"的想象与描画，主要关涉人与呵护人本身。人是主体和目的，永远是第一位的，知识发展寓于人的发展之中，永远是人本身发展的产物、对象与手段，是第二

① 辞海编辑委员会. 辞海 ［M］. 6 版. 上海：上海辞书出版社，2009：2825.
② 霍恩比. 牛津高阶英汉双解词典：第八版 ［M］. 赵翠莲，等译. 北京：商务印书馆，2014：2323.

位的。否则就会导致知识的僭越与人的主体性的丧失，导致人与知识的双重异化。

美国学者欧内斯特博耶曾说："在确认大学校长的中心作用时，我们要提出一个问题，校长是否提出了鼓舞人心的宏伟大计和远景规划。"① 就愿景的"地位性"而言，大学应追求和实现自身的价值，做到符合自身条件的极致，获得不可替代的社会地位；就愿景的"品位"和"境界"而言，大学应成为师生自由、充分、全面发展和"自我实现"的天堂，成为他们共同的"精神寄托"与"精神家园"。

4. 大学使命

依据《辞海》释义，使命指使者所奉之命。② 使命的英文为 mission 和 calling，mission 意为天职、职责、传教、布道、任务等。③ calling 意为召唤、圣谕，就是指天使、使者或圣徒对上天旨意与召唤的传达与践履。它不同于凡世的职责与任务，而是一种圣职与志职。④ 丁学良对此有独到理解："所以对中国内地大学的改革，我不仅仅是把它当作我是一个专业人员应该关注的事情，我更是把它当作一个某种意义上的 mission，也就是传教士一样要做的事。我现在做其他的事情都是跟职业相关，就是所谓的 occupation，是个饭碗，靠这个吃饭。但对内地大学的改革，不仅仅是我的职业，更是我的志业，如同马克思·韦伯讲的 calling，像传教士的事业。"⑤

5. 大学宗旨

所谓宗旨，依据《辞海》释义，"宗"，指根本、主旨，或尊崇、效法；"旨"，指目的、意图、意义，宗旨指根本的、主要的目的和意图。⑥宗旨的英文为 purpose 或 aim，意为意图、目的、目标，与 idea 为同义词。⑦

① 孟丽菊. 大学核心竞争力的含义及概念塑型 [J]. 教育科学，2002（6）：60.
② 辞海编辑委员会. 辞海 [M]. 6 版. 上海：上海辞书出版社，2009：2608.
③ 霍恩比. 牛津高阶英汉双解词典：第八版 [M]. 赵翠莲，等译. 北京：商务印书馆，2014：1325.
④ 霍恩比. 牛津高阶英汉双解词典：第八版 [M]. 赵翠莲，等译. 北京：商务印书馆，2014：280.
⑤ 丁学良. 什么是世界一流大学 [M]. 北京：北京大学出版社，2004：51.
⑥ 辞海编辑委员会. 辞海 [M]. 6 版. 上海：上海辞书出版社，2009：3073.
⑦ 霍恩比. 牛津高阶英汉双解词典：第八版 [M]. 赵翠莲，等译. 北京：商务印书馆，2014：1663.

本书认为，宗旨的含义是最基本最主要的思想与目的。在中文语境中，相较于使命是主体依据自身的神圣角色对理念的一种理性化或神圣化表达，职能是对使命的一种社会化一般化的表达，大学宗旨一般是大学结合时代和自身实际在使命或职能的诸多内容中选择、强调或注重最重要和关键的部分，也可称之为核心使命或核心职能，是对使命或职能的时代化地域化表达，具有较强的时代和地域特征。因此，宗旨的位格在使命与职能之间，但与上下两者均相差"半格"之距，职能作为使命的下位概念，相距完整一格。

6. 大学职能

使命的上位概念是理念，下位概念是职能，职能就是社会主体的社会角色及其责任，是神圣使命在世俗社会的具体体现与落实。职能的英文为duty，意为社会道德和法律上的责任、义务、本分、任务、关税等。[①] 一般认为大学有人才培养、科学研究、社会服务和文化创新四大职能，也有学者提出"国际交流"为第五大职能。不论从历史还是逻辑来看，大学基本职能有二，即人才培养和科学研究，人才培养的目的是传承知识并最终造就有完整独立人格的人，科学研究的目的是创新知识并达至人与世界的融合与统一。由此可见，人才培养和科学研究在最终层次与维度上是一而二、二而一的，是一体两面，人才培养离不开知识传承与创新，科学研究的知识创新离不开人本身思维层次与维度的超越与提升。社会服务只是科研职能的延伸，在某种程度上更是人才培养职能的延伸；文化创新以及国际交流职能更是两大基本职能的延伸，具体而言，文化创新主要是科研职能的延伸，国际交流是社会服务职能的再延伸，追求世界一体化和知识的统一性，以实现职能与使命、使命与理念、理念与精神的高度契合与统一，也就是天、地、人的融合与统一。

（六）大学精神文化的结构

依据理念论中"分身"与"分有"的基本原理，在大学精神文化六要

---

① 霍恩比. 牛津高阶英汉双解词典：第八版 ［M］. 赵翠莲，等译. 北京：商务印书馆，2014：639.

素，即精神、理念、愿景、使命、宗旨、职能的"位格"结构中，从逻辑关系上看：

"大学精神"是大学精神文化体系的上位和本源概念，位于大学精神文化体系结构的顶层。大学精神"分身"或"化身"为大学理念、使命、愿景、宗旨、职能等不同形态的要素，而不同形态的要素从不同维度和层面"分有"或"分享"大学精神的本质。

"大学理念"是大学精神第一重性"精"的本质，也即"独立于自由"基因与气质的"分有"或"分享"，大学理念也是对大学精神的理性化表达，因此，大学理念也被称为理性化的大学精神或观念，位于大学精神文化体系结构的第二层级。

"大学使命"是大学精神第二重性"气"的本质，也即"创新、批判、超越"品性与品格的"分有"或"分享"，"大学使命"也是对大学理念的神圣化表达，因此，大学使命也被称为神圣化的大学精神，位于大学精神文化体系结构的第三层级。

"大学愿景"是大学精神第三重性"神"的本质，也即"真善美"境界与理想的"分有"或"分享"，大学愿景也是对大学理念的价值、归宿、品味或境界的理想化表达，因此，大学愿景也被称为理想化的大学理念，与"大学使命"并列位于大学精神文化体系结构的第三层级。

"大学宗旨"是大学使命的个性化与时代化表达，一般指大学结合时代、地方和自身实际，对大学使命某一方面的强调和凸显，这种对使命的某一方面的选择和强调也被称为"核心使命"，具有时代化、地域化特征，位于大学精神文化体系结构的第四层级。

"大学职能"是大学作为社会组织的一种社会化角色责任与社会化制度安排，是对大学使命的社会化和世俗化表达。如果说大学使命是对大学理念中职责或任务的神圣化表达，那么大学职能是对大学使命的社会化和世俗化表达。因此，大学职能也被称为社会化世俗化的大学使命，位于大学精神文化体系结构的第五层级。

由此可见，以上六要素具有内在关联的五个层级构成大学精神文化的逻辑结构体系，其五层次结构如图6-1所示：

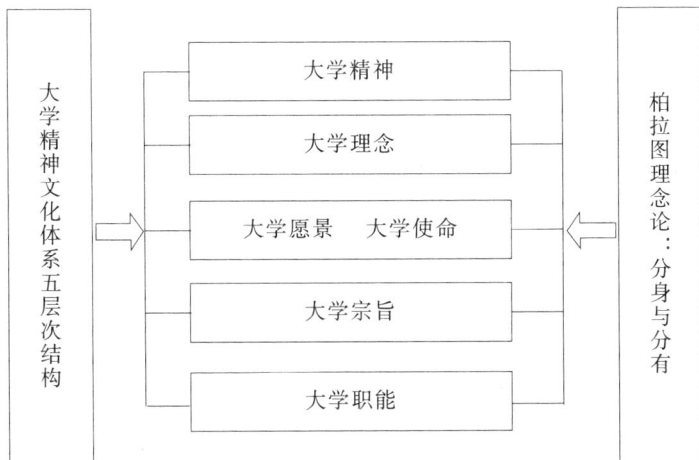

图 6 - 1　大学精神文化体系五层次结构

(七)大学精神载体:校训与校徽

1. 校训

韩延明、徐慊芬认为,当前我国大学校训存在的主要问题,可以概括为"四化倾向"和"四不现象"。四化倾向是格式化、雷同化、宽泛化和口号化。四不现象是追求真理色彩不浓、对学术自由呼唤不足、为国家和社会服务意识不强、对个体人文关怀不够。存在以上问题的主要原因有社会大背景的影响,受计划经济体制下大一统教育模式的制约、学校领导对校训重视不够、大学自身定位模糊以及我国传统伦理文化的框定①。韩延明、徐慊芬提出了构建与优化我国大学校训的建议。首先,构建新的大学校训要坚持以下四条原则,即校训形式上坚持凝练性原则、内容上坚持独特性原则、时间上坚持稳定性原则、理念上坚持创新性原则。其次,在坚持以上原则的基础上,构建新的大学校训一般要遵循一定的程序。在新世纪、新形势下,构建新的大学校训的一般程序应包括广泛征集、初步筛选、民主评议、民意测评和发布公告五个阶段。再次,要优化已有校训,充分发挥已有大学校训的功能。校训本身再好,如果不贯彻到学校办学过程之中,不体现在全校师生员工的行动之中,就只能是一纸空文。要想充

---

① 韩延明,徐慊芬. 大学校训论析 [M]. 北京:人民教育出版社,2013:引言 12 - 13.

分发挥大学校训的功能，学校领导尤其是大学校长就要成为校训精神的倡导者和推动者①。要与时俱进，赋予老校训以新内涵，为校训精神注入时代活力，要广泛持久地开展校训文化建设，使校训文化建设系统化、制度化、奖惩化、实践化，开辟校训教育的多种途径，开展形式多样的校训教育活动，使学校师生员工成为校训精神的传播者和实践者。

大学校训是大学理念的具体体现和外在形态，也是大学精神的集中体现，是对大学精神的浓缩和凝结，是大学精神的载体。一所具有个性精神的大学，往往会有一则集中体现这一个性精神的校训。一则契合学校历史传统、内蕴丰富、意境高远、提振人心的大学校训，则能够集中展示这所大学的办学理念和精神风貌。大学校训是一种办学理念、精神引导，较为抽象。大学校风重在行为规范、精神风貌，较为具体。大学校训和大学校风都是大学校园精神文化的重要组成部分。大学校训是将一所大学的办学理念、道德要求、工作风格、学习态度、生活追求等概述为警示格言的简洁规定，要求全体师生员工共同遵循并逐渐内化，养成行为习惯，久而久之，便会形成一种风气，是为校风。校风的形成又将有力地推动校训精神的倡导和发扬，二者互相作用、互为促进。大学校训和校风，具有导向、凝聚、陶冶、规范和辐射功能，好的校训和校风富于内聚力、驱动力、感召力、生命力和创造力的深层次的校区主文化，能够激励师生弘扬传统、维系学脉并与时俱进。②

2. 校徽

大学校徽是一所大学的象征，是学校悠久历史和传统文化的浓缩，也是大学视觉形象识别系统的核心要索。它是一种空间的艺术造型，于无声处胜有声。大学校徽中一般都有学校的中文名和英文名，体现了一种开放的胸襟和积极与世界交流的思想。有的校徽会把建校时间写在上面，体现学校悠久的历史文化。意象是校徽的核心部分，校徽意象的营造是为表达某种象征寓意服务的，因此，寓意寄托在意象之中，是鱼和水的关系，是生命和氧气的关系。校徽的意象和寓意是通过图像、颜色和形状表现出来

---

① 韩延明，徐慊芬. 大学校训论析［M］. 北京：人民教育出版社，2013：引言 12 - 13.
② 韩延明，徐慊芬. 大学校训论析［M］. 北京：人民教育出版社，2013：19 - 20.

的，具有象征功能和隐喻功能。① 例如，标志性人文的象征物为图书馆，标志性自然的象征物为山与水。需要说明，有明确视觉形象的校徽既是学校理念文化的重要形式，又可以是学校物质文化的重要形式。好的校徽既可以突出反映学校的精神理念，又可以点缀、美化学校的环境。

中国人民大学是我国首家启用视觉形象识别系统的高校，它研制的学校视觉形象识别系统于 2003 年 10 月 1 日起试行，2004 年 2 月，修订版的视觉形象识别系统正式启用。该视觉形象识别系统分为基础系统和应用系统两大体系，前者包括学校标志、标准色、校名中英文标准字体及组合，后者是前者在办公用品、环境布置、公关礼品等方面衍生使用内容的组合。中国人民大学的校徽曾有 1987 年确定的"圆形宝塔红星图案"和 1996 年确定的"红蓝双色人字图案"。由于种种原因，这两个图案常混杂使用。②

（八）大学精神的实现路径

有效发挥大学精神文化的影响与作用，除了明确其基本概念和内涵、打造其载体外，还必须通过对教师本身的影响，通过一定的路径将其落到实处。首先，应营造浓厚"学术氛围"。组织氛围（organizational climate）指的是组织成员对于其所在的组织和工作环境的共同认知。③ 依据组织行为学原理，管理者除了负责组织的产出，还需要在组织内创造一种氛围，使人们愿意并有效地工作。员工对组织文化的接受程度会对氛围带来明显的影响。组织文化描述了一个组织的使命，组织氛围则表明了成员对组织使命的感觉和信念。组织氛围以成员对组织的知觉为基础。伦奇（Rentsch）认为"氛围理论的一个假设是，组织成员从心理上充分理解组织的政策、实践和程序"。其次，恪守互信"组织承诺"。组织成员对组织的承诺是构建健康组织氛围的因素之一。承诺的程度是影响工作绩效的主要因素。员工承诺这个概念本身，以及到底哪些做法导致了这样的承诺并不容

① 余清臣，卢元锴. 学校文化学 [M]. 北京：北京师范大学出版社，2010：52.
② 韩延明，徐愫芬. 大学校训论析 [M]. 北京：人民教育出版社，2013：21.
③ 罗宾斯，贾奇. 组织行为学 [M]. 孙健敏，等译. 北京：中国人民大学出版社，2016：413.

易描述。但无论如何，人们越来越认同承诺、依赖和忠诚的概念。奥莱利（O'Reilly）将"组织承诺"解释为"个人与组织的心理纽带，包括各种参与度、忠诚度以及对组织价值的信念"①。最后，维护融洽"心理契约"。"心理契约"是美国著名管理心理学家施恩（E. H. Schein）提出的一个名词，意指在组织中各层级间、各成员间任何时候都广泛存在的内隐、无形、没有正式书面规定的心理期望。卡特赖特（Cartwright）认为，相互依存是心理契约的基本原则："心理契约不仅仅以货币价值或者以货物或服务的交换来衡量，它本质上是交换或分享信念、价值观、期望以及满意度。相互依存是心理契约的基本原则，意见一致或相互理解是相互依存的基础。依存，自我利益应该以'共赢'的方式与公共利益进行平衡。"②

第四节　制度文化激励保障

制度文化是一种由精神到物质、由理论到实践的中介文化。将理念落实到行为、将精神转化为物质从来不是"自动的"和"无条件的"，转化需要适切的制度作为激励与保障。"制度文化激励保障"既符合中层理论和中介理论的原理，也符合学科建设的"制度保障激励原则"要求。哈默（Hamel）认为，在任何民主型的组织中，成功不取决于英明的领导。如果说民主组织比大公司更有弹性，那也不是因为他们更关心被领导者。在民主体制中，改变的步伐不仅仅依赖于愿景以及掌权者的勇气。真正的挑战不是雇佣并培养伟大的领导者，而是建构在不完美的领导下也能茁壮成长的公司。③ 大学组织的多目标、高效能、低重心、无边界和互动性是大学实现能力提升的重要条件。④ 基于核心竞争力的大学学习型组织设计应该

① 马林斯，克里斯蒂. 组织行为学精要：第3版［M］. 何平，等译. 北京：清华大学出版社，2015：567.
② CARTWRIGHT J. Cultural transformation［M］. Hoboken：Financial Times Prentice Hall，1999：39.
③ HAMEL G，BREEN B. The future of management［M］. Boston：Harvard Business School Press，2007：169.
④ 张卫良. 大学核心竞争力理论与实践研究［M］. 青岛：中国海洋大学出版社，2006，12：178.

从四个维度来创新，即组织层次扁平化，组织结构矩阵化，组织权力分散化，组织管理知识化①。

　　大学是人才聚集之地，大学是人对人所进行的生产，投入的是人，生产过程是人，产品还是人。在大学里有一条基本生产准则就是"名师出高徒"。只有高水平、高素质的人才才能生产出高水平、高品质的"产品"。因此，以人为本，尊重人、关心人、爱护人，把人才当作组织最重要、最核心的资源来利用和开发，把人力资源的开发利用置于以人为目的理念之下，大学核心竞争力作为大学组织设计的基本变量才会真正体现出来，大学核心竞争力与大学组织的情境变量和结构变量的内在关系才能得到充分展示。②"授人以鱼，不如授人以渔"，搭建人才机制，比招到人才更重要。

第五节　行为文化规范表征

　　大学文化表征、彰显着一所大学的气质、品位与内涵。在大学由外延扩张向内涵发展转型的当下，可以预见，大学文化及其内涵发展的研究将会迎来新的机遇与繁荣。大学行为文化是大学文化的重要组成部分，在大学精神文化、制度文化、行为文化、生态文化、物质文化的链条中，行为文化居于中间的"枢纽"位置，起着承上启下的重要作用。就笔者目力所及，现有的大学文化研究不可谓不多，但鲜有坚实文化哲学或文化学理论基础并具严密完整体系的论述，大学行为文化的研究也呈现出薄弱与零碎的状态。因此，将大学行为文化从内涵、理论、模式与意蕴等方面较为全面并具内在逻辑的阐明与呈现，有利于为进一步研究提供一个较为系统的基础和框架。

---

　　① 张卫良. 大学核心竞争力理论与实践研究［M］. 青岛：中国海洋大学出版社，2006，12：170.
　　② 张卫良. 大学核心竞争力理论与实践研究［M］. 青岛：中国海洋大学出版社，2006，12：166.

一、大学行为文化的界定与内涵

概念是理论的基本元素，是构建理论大厦的基石，对大学行为文化概念的界定与内涵分析是开展相关研究的基础。学界一般认为，大学行为文化是大学精神文化的外化，是大学主体的集体性活动，如范自睿等持有这一观点；[①] 赵中建认为行为文化就是指大学活动文化，是大学精神的动态体现，也是大学价值观的折射；[②] 余清臣、卢元锴认为行为文化是大学主体的活动而展示出来的文化形态，是大学精神、价值观和办学理念的动态体现。[③] 不难发现，现有研究虽然指出了大学行为文化的主体，但缺乏对主体的不同类别做进一步明确区分；虽然指出了其精神文化的"外化"与"折射"，但没有对其在整个文化链条中与其他文化的位置、关系进行完整而又逻辑自洽的揭示，存在主体模糊性和体系逻辑不完整性的问题。在扬弃现有研究成果基础上，本书认为，所谓大学行为文化，就字面意义而言，就是通过大学主体的行为所承载和体现出来的文化。就主体而言，大学的行为主体可分为两个层面，一是大学组织性和集体性层面，二是大学中的个体层面。这一区分的意义就在于集体性行为与个体性行为具有不同的内涵与特点。就概念体系的逻辑关系而言，大学行为文化处于大学文化五形态的中间环节，起着承上启下的"枢纽"作用；其主体是人及其群体，是文化的"活"的载体，是所有文化形态中最活跃、最能动的因素。从这一意义来说，行为文化不只是精神文化外在体现的"外化"与"折射"，还是其他文化形态的"能动"与"活化"。因此，大学行为文化既是大学精神文化的折射与体现，也是制度文化直接规训下的结果与产物，同时，还受物质文化的支撑与保障，也受生态文化的陶冶与滋养。

行为文化是有关人的行动和实践的文化。大学行为文化的丰富内涵，留下了深刻的启示，也是有效培育行为文化的理念基础。马克思指出：

---

① 范自睿. 大学管理的理论与实务 [M]. 上海：华东师范大学出版社，2003：337.
② 赵中建. 大学文化 [M]. 上海：华东师范大学出版社，2004：325.
③ 余清臣，卢元锴. 大学文化学 [M]. 北京：北京师范大学出版社，2010：99.

"我们不光要有革命口号，还要有革命的行动"，"哲学只是解释世界，而问题是要改造世界"。大学要在文化建设方面取得实效，成为一所真正具有"文化"的大学，就不光要有正确的思想、高尚的精神和先进的理念，更要有体现在每个大学人行为上的身体力行，在行动与实践中将精神、理念转化为巨大的物质力量和丰富的现实成果，并使真理、理念在实践中得到进一步检验、丰富和发展。人始终是一切人类组织与活动的主体，也是其目的，而绝不是，也绝不容许是为达到其他任何"高尚"目的的工具与手段。因此，教师的行为是立足点与出发点。个体和个性是人类社会的基本构成要素，人本身永远是人类的最高价值、目的和归宿，人是个体，这是以人为本的系统论判据。① 因此，大学行为文化的涵育与践行既应符合"组织行为学"基本原理，也应遵循"以人为本"的原则要求。

二、大学行为文化的理论假设

（一）麦格雷戈 X 与 Y 行为理论

一般认为，马斯洛的需要层级模型是关于人的需要、动机和相应行为的基础理论。基于马斯洛的需要层级模型，麦格雷戈（MacGregor）于1960 年提出了关于人性和工作中的行为的两个假设。他认为，管理者采用管理风格是其对人的态度以及对人性与行为的假设的函数。这两个假设建立在对人和工作极端的假设基础上，被称为 X 理论和 Y 理论。X 理论假设代表了基于传统组织的胡萝卜加大棒的假设。它的假设是：一般人是懒惰的，并且对工作具有与生俱来的反感；如果组织要实现其目标，对大多数人必须强迫、控制、指挥并用惩罚威胁；一般人都避免承担责任，宁愿被指导、缺乏上进心并最看重安全性；激励只出现在生理和安全层面。X 理论的核心原则是通过集权的组织体系和行使权力进行指挥和控制。麦格雷戈质疑 X 理论方法对于人性是否正确以及基于该理论管理实践的相关性。基于 X 理论方法的假设，以及通过管理者职位和权力性质所行使的传统奖

---

① 陈明，王春春. 钱学森之问：高等教育"斯芬克斯之谜"的四大谜题 [J]. 黑龙江高教研究，2017（4）：18.

励和惩罚措施，有可能导致剥削或专制的管理风格。X 理论的另一个极端是 Y 理论，它代表了与当前研究结果一致的假设。Y 理论的中心原则是个人目标和组织目标的结合。它的假设是：对于大多数人，工作与娱乐或休息一样自然，在服务于他们所承诺的目标时人们可以进行自我指挥和自我控制，对目标的承诺是与他们的成就相关的汇报的函数。在适当条件下，普通工作者可以学习接受并寻求责任，解决问题的创造能力广泛地分布于人群之中，一般人的智力潜能仅仅得到了部分利用，与生理和安全一样，激励也发生在归宿、尊重、自我实现等层级。麦格雷戈表明，Y 理论方法是促使组织成员合作的最好途径。[①]

（二）领导与管理网格：麦格雷戈行为理论的应用

描述和评价管理风格的一个方法是布雷克和莫顿管理网格，如图 6-2 所示，该网格根据两个主要的维度为管理风格的比较提供了基础：[②]

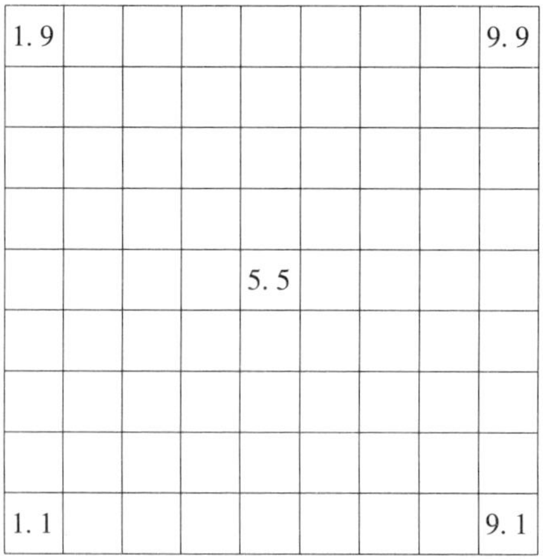

图6-2　领导与管理网格

横轴 X 维为关心生产，纵轴 Y 维为关心人。管理网格的四角和中心提

---

① 马林斯，克里斯蒂. 组织行为学精要：第3版 [M]. 何平，等译. 北京：清华大学出版社，2015：391-392.
② 马林斯，克里斯蒂. 组织行为学精要：第3版 [M]. 何平，等译. 北京：清华大学出版社，2015：395.

供了五个基本组合：贫乏型管理者（1.1级），低关心生产、低关心人的双低型；权力—合规型管理者（9.1级），高关心生产，低关心人；乡村俱乐部型管理者（1.9级），低关心生产，高关心人；中庸型管理者（5.5级），关心生产、关心人的中度平衡型；团队管理者（9.9级），高关心生产、高关心人的双高型。这五种管理风格代表了管理网格的极端情况。由于每个轴上有9个点，总共有81种不同的关心生产和关心人的组合，大多数人会出现在管理网格某个评分的中间位置。管理网格为管理者提供了一个识别、研究和反思他们行为模式的框架，与把管理者风格视为"非此即彼"的二分法不同，布雷克和莫顿认为，管理网格表明，管理者可以获得生产导向和人际导向两种方法同时进行最大化的好处。尽管9.9级位置只是一个理想，但值得为之奋斗。[①]

总之，不论是马斯洛的需要层级模型、麦格雷戈 X 与 Y 行为理论还是布雷克和莫顿的管理网格，我们可以发现，只有坚持"以人为本"的理念和原则要求，保障、满足、激励和引导人的不断增长与上升的高层次需要，才能使人的潜能和积极性得到最大的发挥与实现。

三、大学行为文化的领导模式及其行为表现

大学主要领导及管理者行为对大学行为文化具有重要的示范和影响作用。基于伯恩斯等学者的著作，有两种基本形式的领导力的区分，也可以称为两种领导模式，即交易型领导模式和变革型领导模式。交易型领导建立在组织的层级结构中的正统权力之上。重点放在对目标、工作任务和结果、组织建立与惩罚的说明上。交易型领导诉诸跟随者的自我利害关系。它基于利害的关系以及"如果你做这些事，我给你这些奖励或处罚"的交换。相对应的变革型领导，是一个在跟随者中产生高水平激励和承诺的过程。它注重使组织产生愿景，注重领导者对跟随者更大理想和更大价值的

---

① 马林斯，克里斯蒂. 组织行为学精要：第3版［M］. 何平，等译. 北京：清华大学出版社，2015：396.

激发能力，注重领导者创造公正、忠诚和信任等感觉的能力。① 许多学者将变革型领导视为魅力型、愿景式、鼓舞式、未来式领导，这一类型领导注重构筑全体成员的共同价值观和共同愿景，即从长期的角度看清未来发展前景，确立组织的最终目标是什么以及人们如何共同努力以实现这些目标。最重要的特征是好的领导者通过创造一种风气，即人们可以犯错误并从错误中学习，而不是由于过去的错误而受到责备和惩罚。从这一点出发进行领导，领导就会从下属中得到比服从更高的承诺。②

美国学者罗伯特·伯恩伯姆在《大学运行模式》中提出了四种不同的管理模式。③ 其中，"学会制"值得我们借鉴。在"学会制"的大学中，校长只是一名具有代表权的教师，他的态度应该是平易近人、和蔼可亲的，他不是因为权力，而是基于杰出的工作能力和学术水平而得到师生的广泛认可。他应该是一个朋友、一个长辈、一个极具人格魅力的值得相信的人。身为校长，他的工作中没有命令、指派，而是听取各方意见，民主决策。他很少召开行政会议，而更乐于将老师、学生邀请至家中共进晚餐，在友好的氛围中了解大学中各团体的意向，他不愿意开严肃的全校大会，却总在期末考试前开一个全校师生的茶会，让大家在轻松的环境中对一个学期的学习工作做总结。这样的校领导的行为中体现的是一种和谐、民主的文化。④

四、大学行为文化的意蕴

行为文化是大学文化不可或缺的重要组分，是大学文化完整链条中"承先启后"的环节和"具有能动性的""活的"载体，对整个大学文化的构建和培育具有重要影响和价值。

---

① BURNS J M. Leadership [M]. New York：Harper & Row，1978.
② 马林斯，克里斯蒂. 组织行为学精要：第3版 [M]. 何平，等译. 北京：清华大学出版社，2015：341.
③ 伯恩伯姆. 大学运行模式 [M]. 别敦荣，译. 青岛：中国海洋大学出版社，2008：81-99.
④ 余清臣，卢元锴. 大学文化学 [M]. 北京：北京师范大学出版社，2010：107-109.

首先，大学行为文化是对大学精神文化的"守望"与"诠释"。《辞海》对文化精神的定义是："一群在生活方式、社会行为模式，尤其是价值观上所表现出来的感情特质和精神品质。体现了以群体相异于他群体的文化特色。"① 精神文化是一种"形而上"的"高级"文化形态，在五类文化线性体系中处于最高层。"形而上"的精神文化对其他"形而中"及"形而下"的文化具有提升引领作用。在行为和物质层面，要把大学理念与精神转化为自觉的办学实践，形塑师生员工的行为和话语规划，从而实现大学理念与实践、思想与话语、精神与器物的有机融合。这样，大学精神才会完整地呈现出来，并形成大学的核心竞争力。② 大学校园行为审美主体在校园中的学习、研究、生活、娱乐、体育活动以及其他各种相关的社会活动都依托于大学办学定位的校园环境文化的精神空间，这对高校师生的身心健康和全面成长有很大影响。同时，高校师生行为审美主体的行为沉淀而形成的氛围对环境的良性发展有正面作用，有助于形成好的教风、学风和校风。③

其次，大学行为文化是对大学制度文化的"践履"与"检验"。制度文化是一种由精神到物质、由理论到实践的中介文化。将理念落实到行为、将精神转化为物质从来不是"自动的"和"无条件的"，转化的条件是适切的制度作为激励与保障。大学是人才聚集之地，大学是人对人所进行的生产，投入的是人、生产过程是人、产品还是人。在大学里有一条基本生产准则就是"名师出高徒"。只有高水平、高素质的人才才能生产出高水平、高品质的"产品"。另外，制度规范约束的是否在大学主体的承受范围内也需要通过行为文化来检验，若制度文化缺乏人性的关怀，大学内部就有可能出现抗议甚至集体罢工罢学的行为，以此表示对制度的反对。④

① 辞海编辑委员会. 辞海 [M]. 6 版. 上海：上海辞书出版社，2009：2380.
② 张卫良. 大学核心竞争力理论与实践研究 [M]. 青岛：中国海洋大学出版社，2006：107 - 109.
③ 周希贤，米密，刘琴. 大学校园审美文化研究 [M]. 重庆：西南师范大学出版社，2012：35.
④ 余清臣，卢元锴. 大学文化学 [M]. 北京：北京师范大学出版社，2010：99 - 100.

再次，大学行为文化是对大学生态文化的"映现"与"彰显"。生态文化是指人的生活环境文化。马克思在《德意志意识形态》中谈到"人创造环境，环境也创造人"①。大学校园是教师的"保护区""象牙塔"和"栖息地"，大学的人文与自然生态环境是润泽、陶冶教师的心灵家园，正如海德格尔所言："人，诗意地栖居"，这种诗意源于大学校园绿色和谐的自然与人文生态，内生于大学行为主体丰富深邃的学养与心灵，而外显于大学人优雅高尚的言行之中。荀子《劝学》中就有生态环境育人意识："蓬生麻中，不扶自直；白沙在涅，与之俱黑。故君子居必择乡，游必就士，所以防邪僻而近中正也。"如果说过去局限于人类认识和发展水平的制约，校园环境生态文化经常被忽视，而今其地位越来越凸显，其不可替代的作用和意义日益显现。

最后，大学行为文化是对大学物质文化的"活化"与"超越"。物质文化是精神文化的物化体现。精神、理念经由一定的制度规范的作用可转化为物质力量，物质基础经由人的主观能动性的利用、改造和提炼，也可以升华或结晶为精神产品。马丁·皮尔斯（Martin Pearce）认为，教育是无形的，而校园建筑能将这一无形的概念实体化。一所大学的宗旨可以通过建筑的形式得以传达，而这也正是不同的大学以其迥然相异的建筑风格展示自己的原因所在。建筑艺术可以被视为音乐艺术的一种特殊表现形式，或者说，视觉艺术也可以具有听觉艺术的效果，时间艺术要向空间艺术渗透，从而把两者联系起来，并且上升到艺术哲学的高度。② 大学校训是大学理念的具体体现和外在形态，也是大学精神的集中体现，是对大学精神的浓缩和凝结，是大学精神的载体。大学校徽是一所大学的象征，是学校悠久历史和传统文化的浓缩，也是大学视觉形象识别系统的核心要素。它是一种空间的艺术造型，于无声处听有声。无论是富有历史感与艺术感的校园建筑，还是现代化的校园网络、设施和设备，以及承载大学精神与理念的校训与校徽，都会对大学行为主体的思想与行为产生润物无声

---

① 周逸湖，宋泽方. 高等学校建筑·规划与环境设计 [M]. 北京：中国建筑工业出版社，1994：24.

② 余东升，中西建筑美学比较研究 [M]. 武汉：华中科技大学出版社，1991：175.

的影响，提升其追求真善仁美的精神境界，并表现出终身崇尚追求将学术生活作为基本生活方式的"学术型"素养与行为特征。

第六节　生态文化共生和谐

所谓大学生态文化，是指大学中通过"生态化"，也就是某些要素之间呈现出生态学特征而表现出来的文化。大学作为独特的文化性学术性社会组织，文化在其中扮演的角色和其意义不言而喻。在精神文化—制度文化—行为文化—生态文化—物质文化的五链条文化体系结构中，生态文化是其中重要环节。大学生态文化，主要包括大学校园环境的生态化和学科生态化两个主要方面。因为环境是大学的基本条件和氛围，是教师和学生身心的栖息地，对其发展具有全方位全过程的影响；学科是大学作为一个学术组织的基本单元，是师生学术生活的栖息地。这两大栖息地是否绿色和生态，对师生的身心健康和学术专业发展具有重要作用和影响。然而，梳理现有研究发现，有关大学环境生态和学科生态的研究，既没有将其观点置于系统生态学理论基础之上，也没有将其提炼、归纳为大学生态文化的观点，这一状况与大学文化及其研究的重要地位不太相称。以下拟在阐明系统生态学基本原理理论基础之上，分析大学环境生态文化和学科生态文化内涵，并尝试揭示环境生态文化和学科生态文化的内在联系，从而构建基于系统生态学理论的大学生态文化的整体逻辑与系统结构。

一、大学环境生态文化

大学校园环境的生态文化包括大学自然环境和人文环境两方面的生态文化。大学自然环境生态文化主要体现在自然生态多样性、物质能量生态循环和自然生态美学等方面；大学人文环境生态文化主要体现在人文环境艺术多样性、历史流变性和人文环境生态美学方面。

（一）自然环境生态文化

大学自然环境应具有生态多样性。大学校园作为城市生态系统中的一个独特子系统，应该起到保护城市生态系统多样性和提高其异质性的作用。所以，应该将校园环境作为一个整体生态系统对待，对人工生态因子和自然生态因子采取生态系统整体优化的观点合理规划，维持生境稳定性和恢复生物群落，建设具有多样性、异质性的区域环境。

大学自然环境追求物质能量信息的生态循环。传统校园利用排水管将雨水排入市政管道，而生态化的做法是建立雨水系统保护校水资源。通过保持地表水和地下水的生态功能，加强对整体水文系统的生态保护。通过雨水系统将水留在校园以补充地下水，在校园建立污水生态处理场地是对雨水、生活污水有效、经济、应用广泛的方法，利用人工湿地进行污水处理，也有利于分散和减轻城市污水处理化。人工湿地景观化又对人们具有生态教育意义和经济效益人工湿地污水处理系统可以借鉴城市湿地的建设措施，在校网中按照不同功能分区的污水进行分区、分类、就近的原则进行处理，形成系统的人工湿地污水处理系统。①

大学自然环境提供生态美学滋养。现代大学校园景观开始注重人们看不到的功能，总体规划既要考虑景观美，也应该考虑生物种类及环境的保护，通过植物林地和绿带以及各种水资源和人工水景的合理布置，达到高水平生物多样性。

（二）人文环境生态文化

大学人文环境应具有艺术多样性。苏轼有句名言："诗画本一律，天工共清新。"人们通常以"诗情画意"来形容园林艺术美，实际上，园林可谓诗之具象化，画之立体化。西方造园亦讲究要有"诗人之情，画家之眼"。可见，东西方都认为园林与诗画有着密不可分的关系，只不过是两者所理解的诗画的含义不一样，从而也就形成了两种不同风格的园林艺术。② 余东升认为，"建筑是凝固的音乐"不应该只是简单地理解为建筑的节奏感和韵律感，而是指建筑的空间变化由古典建筑的静态的并列空间走向现代建筑的动态的渗透性空间。因此，时空一体化的建筑也可以视为具

---

① 常俊丽，汪辉. 大学校园景观［M］. 上海：上海交通大学出版社，2016：179.
② 余东升. 中西建筑美学比较研究［M］. 武汉：华中科技大学出版社，1991：164.

有浪漫主义倾向的建筑①。马丁·皮尔斯认为，教育是无形的，而校园建筑能将这一无形的概念实体化。一所大学的宗旨可以通过建筑的形式得以传达，而这也正是不同的大学以其迥然相异的建筑风格展示自己的原因所在。

　　大学人文环境提供生态美学陶冶。荀子《劝学》中就有环境育人意识："蓬生麻中，不扶自直；白沙在涅，与之俱黑。故君子居必择乡，游必就士，所以防邪僻而近中正也。"大学校园行为审美主体在校园中的学习、研究、生活、娱乐、体育活动以及其他各种相关的社会活动都依托于共同的空间——大学校园的建筑、园林水景、雕塑、实验场馆、校园标识等物质空间，依托大学办学定位的校园环境文化的精神空间，这对高校师生的身心健康和全面成长有很大影响。同时，高校师生行为审美主体的行为沉淀而形成的氛围对环境的良性发展有正面作用，有助于形成好的教风、学风和校风。②

二、大学学科生态文化

　　大学学科的"生态化"有三方面的含义：一是单学科的生命体进化现象；二是学科群落的生态共生现象；三是学科体系结构的生态美学特征。

（一）单学科的生命体进化现象

　　就狭义的"生态型"学科结构而言，武汉科技大学校长孔建益是这一观点的主张者。他把"生态型"学科结构称为"学科生态观"。他认为，在大学中，无论是单体学科还是群体学科都具有生态现象。③ 李枭鹰认为，生态优化原则是学科结构的基本原则。学科具有生命体现象，从单个学科

---

　　① 余东升，中西建筑美学比较研究［M］. 武汉：华中科技大学出版社，1991：179.
　　② 周希贤，米密，刘琴. 大学校园审美文化研究［M］. 重庆：西南师范大学出版社，2012：35.
　　③ 孔建益，杨军. 地方高校学科建设策略：差异化发展与错位竞争［J］. 中国高教研究，2008（2）：71.

的发展来看，可以区分它的诞生、成长、繁荣、衰老乃至衰亡。[①]

（二）学科群落的生态共生现象

孔建益认为，学科群落共生的生态现象包含二层含义：一是学科建设之间的平衡与适应；二是学科建设的多样性和互融交叉。[②] 李枭鹰认为，学校的学科建设应该重视形成合理的学科门类结构，并设法在同一学科门类、一级学科和二级学科内部形成由主干学科、支撑学科、配套学科、相关学科、基础学科、交叉学科同存共荣的结构优化的学科生态系统。学科生态系统是学校各学科共生、共栖的环境，不同的学科、学科群以及学科群落可能有不同的规模，但不论大小都不是学科的随意拼盘，而是有规律的有机共生，彼此相互提供营养，相互作用。[③]

（三）学科体系结构的生态美学特征

冯向东指出，学科既是一种知识分类体系，同时又是一种组织建制。[④] 因此，学科这一复杂生态系统的结构不光具有纵向与横向多维度多层次的复杂性，而且具有生态和谐的美学特征。首先，从组织建制的纵向层次来看，依据刘献君[⑤]、翟亚军[⑥]和田恩舜等的观点，学科体系呈现出宏观校级多学科、中观院级学科群和微观系级单学科或二级学科专业三级层次嵌套结构（见图5-2），其次，从学科知识类型的横向分类来看，笔者认为，学科横向类型结构呈现为"五点金字塔"模型（见图5-4）。总之，不论是学科纵向组织三层次嵌套结构模型，还是学科横向类型"五点金字塔"结构模型，都呈现出大学学科体系绿色有机、和谐完满的生态美学特征。

---

① 李枭鹰. 论学科建设的基本原则 [J]. 高教论坛, 2005 (2)：62-64.

② 孔建益, 杨军. 地方高校学科建设策略：差异化发展与错位竞争 [J]. 中国高教研究, 2008 (2)：71.

③ 李枭鹰. 论学科建设的基本原则 [J]. 高教论坛, 2005 (2)：62-64.

④ 冯向东. 学科、专业建设与人才培养 [J]. 高等教育研究, 2002 (5)：69.

⑤ 刘献君. 论高校学科建设中的几个问题 [J]. 中国地质大学学报 (社会科学版), 2010 (4)：7.

⑥ 翟亚军. 大学学科建设模式研究 [M]. 北京：科学出版社, 2011：24.

三、大学生态文化：环境生态与学科生态的共生和谐

大学生态文化主要包括环境生态和学科生态两大方面。不难发现，这两方面之间并不是毫无联系的，而是存在着某种内在的对应性逻辑联系，共同交织成整体性共生和谐的大学生态文化，共同构造了大学生态文化的整体特征。

（一）大学生态文化的生命特征

这一特征主要表现在自然环境的生物生命性和非生物循环性、人文环境的历史流变性以及学科的生命性上，它们共同构造了大学生态文化的生命特征。这一特征不仅要求大学应构建一个绿色健康、循环低碳、传承创新的自然与人文环境，还要求大学应将学科当作具有自组织功能的生命体而非固化的组织来看待，为学科自组织发展提供自主自由和充分的空间。尤其是对大学的"活"的载体——师生，不光应提供物质保障和制度激励，还应提供精神引领，为师生的自我管理、自我服务、自我学习、自我发展、自我实现提供良好条件，而不应把教师当作无生命的机械工具和无思想的巴甫洛夫的动物，强行进行既不人道也不科学的机械式和工厂化管理。

（二）大学生态文化的共生特征

大学生态文化的共生特征主要表现在自然环境的多样性、人文环境的丰富性以及学科的综合性上，它们共同造就了这一特征。该特征要求大学尊重和保护校园自然山水植被的多样性自然性、追求和创造人文景观的学术性丰富性、遵循学科结构的综合性和协调性，维护大学自然生态、人文生态和学科生态的共生繁荣。大学选址应依托自然山水，设计要尊重和营建自然山水画卷；大学建筑和场所设计应有利于师生学习、研究、生活和交往；大学学科结构应遵循学科既不断分化又不断综合的规律，维护学科多样性和健康、协调、可持续发展。

（三）大学生态文化的审美特征

这一特征主要表现在自然环境生态美、人文环境的艺术美以及学科的结构美上，它们共同形成了大学生态文化的审美特征。这一特征要求大学自然环境的园林化，人文环境的艺术化和学科结构的综合与和谐，营造与提升大学美的气质、品位与境界。

生态文化是指世界不只是"机械系统"，而更普遍的是具有生态特性的"有机系统"。随着社会的发展和对事物认识的深化，"生态"的概念与原理越来越具普遍性和重要性，"大学是遗传与环境的产物"，一是指狭义的学科结构的"生态化"；二是指广义的学科建设大系统中人与大学校园整体的自然与人文环境的生态化。其中第二条内涵是现有研究较少提及而本书特别强调的方面。就第二条内涵而言，生态文化是指人的生活环境文化。大学校园是教师的"保护区""象牙塔"和"栖息地"，大学的人文与自然生态环境是润泽、陶冶教师的心灵家园，正如海德格尔所言，"人，诗意地栖息"，这种诗意内在于教师的学养与心灵，而外显于大学校园自然与人文的和谐生态。如果说过去局限于人类认识和发展水平的制约，校园环境生态文化经常被忽视，而今其地位越来越凸显，其不可替代的作用和意义日益显现。

第七节　物质文化条件基础

物质文化是精神文化的物化体现。精神、理念经由一定的制度规范的作用可转化为物质力量，物质基础经由人的主观能动性的利用、改造和提炼，也可以升华或结晶为精神产品，"物质文化提供基础"既符合辩证唯物主义精神与物质在一定条件下相互转化的原理，也符合学科建设的"物质条件基础原则"要求。

提供教师专业发展所需的独立场所设备资料，搞好教师培训、教师专业发展。提供教师教学和科研所需的设施、设备、图书资料等条件，尽可能争取与呼吁教师独立的科研学习与办公场所。将办公研究场所建设作为师资建设的基本保障和条件，无条件推进，并将其纳入办学基本条件加以评估考察。原复旦大学校长杨玉良以美国加州大学为例，说明建筑空间对学科发展的重要性。量子化学是物理和化学交叉融合而形成的新学科，加州大学为此修建了相互联通的物理楼和化学楼，为量子化学（结构化学）学科的形成与发展提供了良好的建筑空间条件。复旦大学借鉴加州大学的经验，按照学科融合发展规律来优化院系所室的空间布局问题。① 将教师住房建设和社区服务建设作为大学校园建设不可分割的一部分，整体设计规划。这体现了办学者的战略眼光和格局。关心教师生活，有效解决教学工作与家庭生活的冲突，为提高生活品质及专业的可持续发展服务。将教师与职工家属子女安置作为大学以人为本文化制度的一部分，义不容辞担责任尽义务，也是对办学者是否具备基本人性与良知的标尺。例如，沈阳师范大学近年来实行了教授研究室制度，为教授、副教授和具有博士学位的讲师配备研究室，并将研究室作为基层学术组织来加以建设。② 丁学良也指出，在实验设备落后的地方高校，不少优秀的博士或博士后水平下降很快，就与缺乏基础设施支持直接相关，这也是地方高校难以吸引和留住人才的重要因素。③

在行为和物质层面，要把大学理念与精神转化为自觉的办学实践，形塑师生员工的行为和话语规划，从而实现大学理念与实践、思想与话语、精神与器物的有机融合。这样，大学精神才会完整地呈现出来，并形成大学的核心竞争力。④ 构建优秀校园文化，形成良好激励教师专业可持续发展和生活保障品质提升的制度和相关物质环境生态条件，造就大学校园良好人文与自然和谐美丽的生态环境，孕育灵性生命，助力人性的解放。

---

① 杨玉良. 关于学科和学科建设有关问题的认识 [J]. 中国高等教育，2009 (19)：7.
② 蔡珍红. 现代大学基层学术组织特征与治理研究 [M]. 重庆：重庆大学出版社，2012：4.
③ 丁学良. 什么是世界一流大学 [M]. 北京：北京大学出版社，2004：200.
④ 张卫良. 大学核心竞争力理论与实践研究 [M]. 青岛：中国海洋大学出版社，2006：107 - 109.

第七章　结论、创新与展望

第一节　研究结论

一、大学核心竞争力的定义、本质与内涵

本书从"中介论"和"以人为本"的理论观点和认识方法出发，认为：大学核心竞争力，就是在以人为本理念指导下，通过课程与学科中介和教师发展转化机制的体系化、制度化设计，将五大文化资源有效转化为学生品质与学术贡献最终成果的体系化、整体化能力。其本质是将五大文化资源有效转化为学生品质与学术贡献最终成果的体系化、整体化能力，其内涵有三，一是理念——以人为本，二是制度——课程与学科中介设计，三是行为或机制——以教师发展为本的文化资源建设。其内涵的关键是中介与制度环节——课程与学科中介设计与建设。从其制度设计的关键环节可见，这一定义与大学核心竞争力研究的三个发展阶段的最后阶段——"组织制度化阶段"完全相符。

二、大学核心竞争力系统的要素与结构

依据本书关于大学核心竞争力的定义，以及其质量标志、中介、教师发展、资源基础的基本内涵，大学核心竞争力的系统结构图景得以基本体现，较为清晰呈现出"质量标志＋中介＋教师发展机制＋资源基础"的"四位一体"的"中介型"体系结构。这一结构可用大学核心竞争力结构"金字塔"模型和大学核心竞争力结构"火箭"模型直观呈现。

三、大学课程体系结构

"四元四维"通识教育课程体系结构通过"空间结构圆锥体模型"和"逻辑结构矩阵模型"得以直观展现。通识教育课程体系目的是融汇生活四大主要场域，即四元的知识，形成实践智慧四个维度的通融识见，造就健全独立的人格。"四元四维"通识课程体系包含"四元四维"八大要素，其中四元与四维具有相互对应关系，展现出丰富内涵。四元，一是能懂人处世，二是能懂事成功，三是能懂知成识，四是能懂研探究。四维一是志于求真，二是止于至善，三是成于得仁，四是臻于完美。就性质而言，做人做事、为人处事，人与事是两个方面和目的，学习与研究是两大工具、方法、途径与手段。

四、大学学科体系结构

大学学科体系结构通过学科体系纵向"三层次嵌套结构"模型 和学科横向结构"五点金字塔"模型得以直观展现。在学科横向结构"五点金字塔模型"中，人文学科、社会学科、自然学科三分法为底面加上哲学或形上学科为顶点的金字塔构架较具完整性。但不难发现，这一外观完美的金字塔似乎缺少重心，因此就欠缺一种内在的完美。这一重心是什么呢？只能是教育学科。教育学科具有元学科的性质，具有综合性与边缘性的跨学科特征。爱因斯坦这样谈论哲学：如果把哲学理解为在最普遍和最广泛的形式中对知识的追求，那么，哲学显然就可以被认为是全部科学之母。哲学是基于三大学科之上的形而上学，是学科结构金字塔体系的顶点，教育学 P* （Pedagogy）则是哲学 P（Philosophy）在三大学科平面上的投影，也是学科金字塔结构的重心和纽带。由此可见，教育学科具有独特且不可替代的重要地位和作用。

五、以"教师发展为本"的五大文化资源建设机制

大学核心竞争力作为复杂系统及其中介型结构，同样有其内在而独特的机制。这一独特机制，首先，是基于大学教师在大学组织中的主体地位和教师专业发展的决定性作用。其次，是基于大学资源的独特的"文化"性质。因此，大学核心竞争力中介体系的机制就是：以大学教师的发展为本的大学五大文化资源建设。唯有以人为本，抓住教师发展这一中心环节，才能将底层资源通过课程与学科中介，有效转化为最终产品与成果，即学生品质与学生贡献，大学核心竞争力系统各环节才能得以有机联系并有效运转。

第二节　研究创新

观点上，从中介论以及系统论（中介论从属于系统论）的视角重新界定了大学核心竞争力的概念，提出了组织机制论的观点，是对现有要素论与功能论、过程论与结果论的扬弃。

理论上，将基于"系统论"和"辩证法"的"中介论"应用于高教研究领域，是理论应用的尝试与创新；以马克思生活世界和全面发展理论以及"实践逻辑"为理论基础的"四元四维"通识课程体系的建构，是对西方以"学科领域"为基础的"学科逻辑"建构的"核心通识课程体系"的扬弃；学科横向结构"五点金字塔"模型的构建，是对学科生态结构，尤其是教育学地位与价值的有益探索。

方法上，运用中介的理论方法构建大学核心竞争力"中介型"体系结构，并运用方法与组织分析方法，从最终产品——学生品质和学术贡献，演绎或逆推出支撑中介——课程建设与学科建设，进而逆推出教师发展机制以及以教师发展为本的文化资源建设，环环相扣，方法运用较为合理，逻辑线索较为清晰，具有一定创新性。

结构体系上，建构了大学核心竞争力中介四层次的"四位一体"结构

体系；"四元四维"通识课程结构体系，横向"五点金字塔"学科结构体系，是一种积极的创新与尝试；另外，对学科建设的理论以及基于理论的基本原则、大学生态文化资源的理论基础与逻辑、大学行为文化资源的理论基础与逻辑、大学精神的三重性本质、大学精神文化资源的要素与结构、现有的纵向三层次嵌套学科结构体系以及以人为本的文化资源五层次结构体系，也有一些新的观点与阐发。以上部分创新观点已应邀在不同学术会议上做交流报告，得到相关学者和本专业 CSSCI、北大核心期刊编辑的推荐和认可。

第三节　建议与展望

限于研究主题与篇幅以及笔者视野与学力，本书尚有如下值得进一步探讨的问题。

"四元四维"课程体系的具体科目界定以及组织问题。本书提出了"四元四维"课程体系的系统结构及其内容指向，但如何确定和优化具体的课程科目，以及如何保障与激励教师积极开展这些课程科目的有效教学值得进一步研究，以增加其可行性与可操作性。

"四元四维"课程体系在不同类型层次高校以及在高校不同发展阶段的应用问题。本书尝试构建了普通本科高校核心竞争力的一般模型，研究了一般规律。至于在空间上针对具体高校的应用，也就是具体高校如何依据不同的实际情况来加以应用、实施，以及在时间上针对高校不同的历史发展阶段，如何采用各有侧重的发展战略等，值得进一步研究。

以人为本的学科文化层次体系建设的有效性及与所属的大学文化有效融合的问题。本书提出了以人为本的学科文化层次结构体系，但这一体系有效贯彻落实的具体方略与举措，以及这一体系与所属的大学文化体系的有效融合值得进一步研究，以达至文化的交融，有效促进人本身——教师与学生以及人为主体的组织——学科的双重发展。

路漫漫其修远兮，吾将上下而求索。限于本书的篇幅时限以及个人学力，很多值得进一步研究的问题未及探讨，还有不少本该讨论的问题也被疏忽遗漏，肯定存在不少漏洞甚至疑点，只能敬请学者批评指正。当然，本书未涉及的范围与问题也为进一步研究提供线索、方向与空间，值得继续发掘和探讨。

参考文献

一、著作

［1］丁学良. 什么是世界一流大学？［M］. 北京：北京大学出版社，2004.

［2］张卫良. 大学核心竞争力理论与实践研究［M］. 青岛：中国海洋大学出版社，2006.

［3］迈克尔·波特. 国家竞争优势［M］. 李明轩，邱如美，译. 台北：天下文化出版社，1996.

［4］童利忠，丁胜利，马继征. 企业核心竞争力新论：理论与案例［M］. 北京：人民邮电出版社，2006.

［5］张应强. 大学的文化精神与使命［M］. 合肥：安徽教育出版社，2008.

［6］陈威如，余卓轩. 平台战略：正在席卷全球的商业模式革命［M］. 北京：中信出版社，2013.

［7］陈威如，王诗一. 平台转型：企业再创巅峰的自我革命［M］. 北京：中信出版社，2016.

［8］庞青山. 大学学科论［M］. 广州：广东教育出版社，2006.

［9］金耀基. 大学之理念［M］. 北京：生活·读书·新知三联书店，2001.

［10］国家教育委员会师范教育司组. 教育学学科建设指导性意见［M］. 北京：人民教育出版社，1995.

［11］哈佛委员会. 哈佛通识教育红皮书［M］. 李曼丽，译. 北京：北京大学出版社，2010.

［12］刘献君. 抓住四个关键问题 加强大学本科课程建设［C］// "大学课程建设与本科教学改革"国际会议暨 2014 年中国高等教育学会院校研究分会年会论文集. 武汉：中国高等教育学会院校研究分会，2014.

［13］中共中央马克思恩格斯列宁斯大林著作编译局. 马克思恩格斯文集：第 2 卷［M］. 北京：人民出版社，2009.

［14］中共中央马克思恩格斯列宁斯大林著作编译局. 马克思恩格斯选集：第 23 卷［M］. 北京：人民出版社，1972.

［15］中共中央马克思恩格斯列宁斯大林著作编译局. 马克思恩格斯选集：第 39 卷［M］. 北京：人民出版社，1974.

［16］毛泽东选集：第 1 卷［M］. 北京：人民出版社，1991.

［17］康德. 康德文集［M］. 刘克苏，等译. 北京：改革出版社，1997.

［18］联合国教科文组织总部中文科. 教育：财富蕴藏其中［M］. 北京：教育科学出版社，1996.

［19］韩延明，徐愫芬. 大学校训论析［M］. 北京：人民教育出版社，2013.

［20］欧用生. 课程转型发展的基本原理［M］. 高雄：复文图书出版社，1986.

［21］李臣之，等. 西方课程思潮研究［M］. 北京：人民教育出版社，2012.

［22］托马斯·库恩. 科学革命的结构［M］. 金吾伦，胡新和，译. 北京：北京大学出版社，2003.

［23］高山. 大学学科文化管理研究［M］. 北京：中国社会科学出版社，2016.

［24］翟亚军. 大学学科建设模式研究［M］. 北京：科学出版社，2011.

［25］劳里·马林斯，告尔·克里斯蒂. 组织行为学精要：第 3 版［M］. 何平，等译. 北京：清华大学出版社，2015.

［26］林文雄. 生态学［M］. 2 版. 北京：科学出版社，2013.

［27］魏振枢，杨永杰. 环境保护概论［M］. 北京：化学工业出版社，2003.

［28］朱国云. 组织理论：历史与流派［M］. 2 版. 南京：南京大学出版社，2014.

［29］马斯洛. 人性能达到的境界［M］. 方士华，编译. 北京：北京燕山出版社，2013.

［30］罗伯特·M. 赫钦斯. 美国高等教育［M］. 汪利兵，译. 杭州：浙江教育出版社，2001.

［31］王国维. 论叔本华之哲学及其教育学说［C］//静庵文集. 沈阳：辽宁教育出版社，1997.

［32］马作宽. 组织文化［M］. 北京：中国经济出版社，2009.

［33］王冀生. 大学文化哲学［M］. 广州：中山大学出版社，2012.

［34］菲利普·R. 哈里斯，罗伯特·T. 莫兰. 跨文化管理教程［M］. 5 版. 关世杰，主译. 北京：新华出版社，2002.

［35］托尼·比彻，保罗·特罗勒尔. 学术部落和领地［M］. 唐跃勤，蒲茂华，陈洪捷，译. 北京：北京大学出版社，2008.

［36］辞海［M］. 6 版. 上海：上海辞书出版社，2009.

［37］埃德加·沙因. 组织文化与领导力［M］. 章凯，等译. 北京：中国人民大学出版社，2014.

［38］斯蒂芬·P. 罗宾斯，蒂莫西·A. 贾奇. 组织行为学［M］. 孙健敏，等译. 北京：中国人民大学出版社，2016.

［39］霍恩比. 牛津高阶英汉双解词典：第八版［M］. 赵翠莲，等译. 北京：商务印书馆，2014.

［40］韩延明. 大学理念论纲［M］. 北京：人民教育出版社，2003.

［41］刘宝存. 大学理念的传统与变革［M］. 北京：教育科学出版社，2004.

［42］潘懋元. 多学科观点的高等教育研究［M］. 上海：上海教育出版社，2001.

［43］余清臣，卢元凯. 学校文化学［M］. 北京：北京师范大学出版

社，2010.

［44］小野寺史郎. 国旗、国歌、国庆：近代中国的国族主义与国家象征［M］. 周俊宇，译. 北京：社会科学文献出版社，2014：106.

［45］范自睿. 学校管理的理论与实务［M］. 上海：华东师范大学出版社，2003.

［46］赵中建. 学校文化［M］. 上海：华东师范大学出版社，2004.

［47］罗伯特·伯恩鲍姆. 大学运行模式［M］. 别敦荣，译. 青岛：中国海洋大学出版社，2003.

［48］周逸湖，宋泽方. 高等学校建筑·规划与环境设计［M］. 北京：中国建筑工业出版社，1994.

［49］张文艺，等. 环境保护概论［M］. 北京：清华大学出版社，2017.

［50］常俊丽，汪辉. 大学校园景观［M］. 上海：上海交通大学出版社，2016.

［51］余东升. 中西建筑美学比较研究［M］. 武汉：华中理工大学出版社，1992.

［52］周希贤. 大学校园审美文化研究［M］. 重庆：西南师范大学出版社，2012.

［53］王崇杰，薛一冰，何文晶. 绿色大学校园［M］. 北京：中国建筑工业出版社，2012.

［54］蔡珍红. 现代大学基层学术组织特征与治理研究［M］. 重庆：重庆大学出版社，2012.

［55］艾丰. 中介论：改革方法论［M］. 昆明：云南人民出版社，1993.

［56］聂暾. 两极论与中介论［M］. 2版. 南昌：江西人民出版社，2001.

［57］毛亚庆. 从两极到中介：科学主义教育和人本主义教育方法论研究［M］. 北京：北京师范大学出版社，1999.

［58］孙正聿. 思想中的时代：当代哲学的理论自觉［M］. 北京：北

京师范大学出版社，2004.

［59］顾明远，等. 教育大辞典［M］. 上海：上海教育出版社，1992.

［60］唐莹. 元教育学［M］. 北京：人民教育出版社，2002.

［61］黑格尔. 逻辑学：上卷［M］. 杨之一，译. 北京：商务印书馆，1966.

［62］孙正聿. 孙正聿讲演录［M］. 杨之一，译. 长春：长春出版社，2011.

［63］杜成宪，郑金洲. 大辞海：教育卷［M］. 上海：上海辞书出版社，2014.

［64］李建平，李闽榕，赵新力. 世界创新竞争力发展报告：2001—2012［R］. 北京：社会科学文献出版社，2013.

［65］张其仔. 中国产业竞争力报告：2014［R］. 北京：社会科学文献出版社，2014.

［66］吕政宝. 企业群体公民行为研究：提升企业整体竞争力的利器［M］. 南京：东南大学出版社，2013.

［67］张瑾. 全球化和中国大企业的赶超与竞争力［M］. 天津：南开大学出版社，2013.

［68］邱均平，赵蓉英，王伟军. 世界一流大学与科研机构竞争力评价研究报告：2012年度［R］. 北京：机械工业出版社，2013.

［69］赵俊芳. 中外部分大学核心竞争力发展研究报告［R］. 长春：吉林大学出版社，2013.

［70］赵秀玲. 文化核心竞争力［M］. 北京：科学出版社，2014.

［71］戴钰. 文化产业竞争力研究［M］. 广州：世界图书出版公司，2013.

［72］赖增牧. 长寿企业战略管理：打造可持续发展核心竞争力［M］. 北京：经济管理出版社，2002.

［73］江小娟，等. 全球化中的科技资源重组与中国产业技术竞争力提升［M］. 北京：中国社会科学出版社，2004.

［74］金碚. 中国企业竞争力报告：2003［R］. 北京：社会科学文献出版社，2003.

［75］陈德铭，周三多. 中小企业竞争力研究［M］. 南京：南京大学出版社，2003.

［76］郝云宏. 中国大型企业国际竞争力研究［M］. 北京：中国财政经济出版社，2002.

［77］朱国春. 核心竞争力与企业家文化［M］. 北京：中国物资出版社，2003.

［78］何曼青. 超级竞争力：经济全球化潮流中跨国经营的文化支持［M］. 北京：国际文化出版公司，2002.

［79］倪砥. 我不是在教训你：职业竞争力，危机与保障的防线［M］. 上海：上海远东出版社，2002.

［80］吴维库. 企业竞争力提升战略［M］. 北京：清华大学出版社，2002.

［81］张金昌. 国际竞争力评价的理论和方法［M］. 北京：经济科学出版社，2002.

［82］周海炜. 核心竞争力：知识管理战略与实践［M］. 南京：东南大学出版社，2002.

［83］吴照云，等. 欠发达地区产业竞争力分析［M］. 北京：经济管理出版社，2001.

［84］李显君. 国富之源：企业竞争力［M］. 北京：企业管理出版社，2002.

［85］高汝熹，罗守贵. 城区核心竞争力：都市功能空间实现的根本途径［M］. 上海：上海交通大学出版社，2004.

［86］冼国明，等. 企业制度与国际竞争力［M］. 北京：经济科学出版社，2001.

［87］韩中和. 企业竞争力：理论与案例分析［M］. 上海：复旦大学出版社，2000.

［88］管益忻. 论企业核心竞争力：开创战略管理新纪元的第一选择

[M]. 北京：中国经济出版社，2000.

[89] 刘小怡. 中国企业国际竞争力："入世"的冲击与对策 [M]. 武汉：武汉大学出版社，2001.

[90] 王德禄，等. 知识管理：竞争力之源 [M]. 南京：江苏人民出版社，1999.

[91] 方星海，宋顺锋. 提升国际竞争力：台湾经验及其对大陆的启示 [M]. 北京：中国经济出版社，1998.

[92] 杨丹辉. 全球竞争：FDI 与中国产业国际竞争力 [M]. 北京：中国社会科学出版社，2004.

[93] 徐鹏航. 技术创新与企业竞争力 [M]. 北京：中国标准出版社、中国经济出版社，1999.

[94] 余红胜. 国有企业国际竞争力研究 [M]. 合肥：合肥工业大学出版社，2004.

[95] 曹世潮. 终极竞争力：文化战略实施原理与案例 [M]. 上海：文汇出版社，2004.

[96] 于涛方. 城市竞争与竞争力 [M]. 南京：东南大学出版社，2004.

[97] 熊伟，刘南. 供应链竞争力与经济发展 [M]. 北京：航空工业出版社，2005.

[98] 贺宏朝. 平台：培育未来竞争力的必然选择 [M]. 北京：机械工业出版社，2005.

[99] 朱向军. 提升城市教育竞争力 [M]. 上海：上海三联书店，2006.

[100] 田克俭. 民族精神与竞争力 [M]. 北京：新华出版社，2006.

[101] 祁晓玲，罗元青. 四川省产业组织结构与企业竞争力研究 [M]. 北京：中国经济出版社，2006.

[102] 赵洪斌. 改革开放以来中国产业演化与竞争力研究 [M]. 北京：中国传媒大学出版社，2008.

[103] 成长春，陈玉祥. 核心竞争力视域中的教育强省之路 [M].

北京：北京出版社，2009.

[104] 马萱. 我国区域文化产业竞争力研究 [M]. 北京：社会科学文献出版社，2011.

[105] 何德勇. 知识管理实施要领：竞争力的塑造和持续提升 [M]. 北京：经济管理出版社，2007.

[106] 胡昱，马秀贞. 竞争力评价 [M]. 北京：中国标准出版社，2008.

[107] 王作成. 政府竞争力理论与实证研究 [M]. 北京：中国标准出版社，2007.

[108] 康晓光，马庆斌. 城市竞争力与城市生态环境 [M]. 北京：化学工业出版社，2007.

[109] 周松兰. 中日韩制造业竞争力比较研究 [M]. 武汉：武汉大学出版社，2007.

[110] 赵中建. 创新引领世界：美国创新和竞争力战略 [M]. 上海：华东师范大学出版社，2007.

[111] 扈华林. 国际竞争力新论 [M]. 北京：中国经济出版社，2006.

二、学位论文

[1] 朱小娟. 产业竞争力研究的理论、方法和应用 [D]. 北京：首都经济贸易大学，2004.

[2] 李雪飞. 美国研究型大学竞争力发展策略研究 [D]. 上海：华东师范大学，2008.

[3] 王丽君. 大学核心竞争力及其评价研究 [D]. 青岛：青岛大学，2008.

[4] 万格. 中国研究型大学竞争力态势及提升研究 [D]. 哈尔滨：哈尔滨工业大学. 2009.

[5] 王春玲. 大学核心竞争力的研究 [D]. 阜新：辽宁工程技术大

学，2006.

［6］王光秀. 马克思生活世界理论研究［D］. 济南：山东大学，2013.

［7］孙宏利. 基于学科建设模式的航海类高校核心竞争力研究［D］. 大连：大连海事大学，2013.

［8］张立伟. 基于核心竞争力理论的大学学科建设研究［D］. 大连：大连理工大学，2006.

［9］龙腾. 企业智能管理与核心竞争力关系研究［D］. 北京：首都经济贸易大学，2008.

［10］陈静. 企业文化提升企业核心竞争力的机制与路径研究［D］. 武汉：武汉理工大学，2007.

［11］徐和清. 企业视角的高校核心竞争力研究：以地方性高校为例［D］. 杭州：浙江工商大学，2009.

［12］范宪. 企业核心竞争力理论：球论模型的新诠释［D］. 上海：复旦大学，2004.

［13］林克利. 企业核心竞争力计量、评价与报告研究［D］. 成都：西南财经大学，2008.

［14］谭亮. 企业核心竞争力的形成、度量及评价：兼 GE 逾百年持续发展案例研究［D］. 重庆：重庆大学，2010.

［15］王秀丽. 企业核心竞争力的分析与评价体系研究［D］. 北京：对外经济贸易大学，2006.

［16］李品媛. 论企业核心竞争力［D］. 大连：东北财经大学，2002.

［17］韩锦标. 基于知识管理的大学核心竞争力研究［D］. 徐州：中国矿业大学，2011.

［18］夏桂华. 基于层次定位的我国高校核心竞争力研究［D］. 哈尔滨：哈尔滨工程大学，2006.

［19］马晓平. 核心员工对高新技术企业核心竞争力和效率的影响研究［D］. 武汉：华中科技大学，2008.

［20］杨树兵. 关于提升民办高校核心竞争力的战略和政策研究［D］. 苏州：苏州大学，2007.

［21］吕洁华. 高新技术企业核心竞争力研究［D］. 哈尔滨：东北林业大学，2005.

［22］成长春. 高校核心竞争力分析模型研究［D］. 南京：河海大学，2005.

［23］党传升. 高水平行业特色型大学核心竞争力评价与培育研究［D］. 北京：北京邮电大学，2012.

［24］戴开富. 高等学校核心竞争力研究［D］. 武汉：武汉理工大学，2007.

［25］杨如安. 知识管理视角下的大学学院制改革研究［D］. 重庆：西南大学，2007.

［26］陈文娇. 我国大学组织趋同现象研究：基于组织社会学的视角［D］. 武汉：华中师范大学，2009.

三、期刊论文

［1］孟丽菊. 大学核心竞争力的含义及概念塑型［J］. 教育科学，2002（3）.

［2］刘向兵. 大学核心竞争力构成要素辨析［J］. 中国人民大学学报，2007（2）.

［3］毛亚庆，夏仕武. 何谓大学核心竞争力［J］. 北京大学教育评论，2005（2）.

［4］黄达人. 创新人才培养模式提升大学核心竞争力［J］. 中国高等教育，2004（19）.

［5］余新丽，赵文华. 基于知识图谱的大学核心竞争力的理论基础与热点研究［J］. 现代大学教育，2011（6）.

［6］赖胜德，武向荣. 论大学的核心竞争力［J］. 教育研究，2002（7）.

［7］别敦荣，田恩舜．论大学核心竞争力及其提升途径［J］．复旦教育论坛，2004（1）．

［8］马士斌．"战国时代"：高校核心竞争力的提升［J］．学海，2000（5）．

［9］王鹏令．论中介［J］．中国社会科学，1981（2）．

［10］周光礼．政策分析与院校研究：中国高等教育研究的中层理论建构［J］．高等教育研究，2009（10）．

［11］雷霆生．领悟平台战略［J］．汽车商业评论，2010（5）．

［12］曹莉．关于文化素质教育与通识教育的辩证思考［J］．清华大学教育研究，2007（2）．

［13］杨叔子，余东升．文化素质教育与通识教育之比较［J］．高等教育研究，2007（6）．

［14］张庆熊．"生活世界的本体论"与"实践的一元论"：兼论胡塞尔的本体论思想对马克思主义有关本体论研究的意义［J］．马克思主义与现实，2009（3）．

［15］李湘德，张相轮．"日常生活哲学"研讨会在南京召开［J］．自然辩证法研究，2000（10）．

［16］潘斌．论教育回归生活世界［J］．高等教育研究（武昌），2006（5）．

［17］郭华．评教学"回归生活世界"［J］．教育学报，2005（1）．

［18］余东升．通识教育：知识、学科、制度整合的新范式［J］．医学教育探索，2005（1）．

［19］陈明，王春春．钱学森之问：高等教育"斯芬克斯之谜"的四大谜题［J］．黑龙江高教研究，2017（4）．

［20］庞海芍．台湾高校的通识教育及其对大陆高校文化素质教育的启示［J］．教育与职业，2010（3）．

［21］陈明．教育研究之三境界［J］．教育理论与实践，2015（32）．

［22］郭德红．大学教育应树立整体知识观［J］．中国高等教育，2007（21）．

［23］张忠华．从三个维度思考大学的课程改革［J］．中国高等教育，2011（11）．

［24］张华．从理论与实践的关系看20世纪课程理论发展［J］．教育研究与实验，2000（6）．

［25］王义遒．文化素质教育与通识教育关系的再认识［J］．北京大学教育评论，2009（3）．

［26］陈明．大学科学研究职能内涵流变及其趋势［J］．嘉应学院学报，2017（4）．

［27］周远清．从"三注""三提高"到"三结合"：由大学生文化素质教育看高等学校素质教育的深化［J］．中国高等教育，2005（22）．

［28］张炜．基于素质教育框架的通识教育与专业教育集成［J］．中国高教研究，2015（12）．

［29］刘献君．论高校学科建设［J］．高等教育研究，2000（5）．

［30］纪宝成．科学制定学科规划大力加强学科建设［J］．中国高教研究，2003（2）．

［31］王生洪．以学科建设为龙头提升学校整体水平［J］．中国高等教育，2003（2）．

［32］王大中．大学学科建设和专业结构调整的实践和体会［J］．中国大学教学，2002（11）．

［33］陈传鸿，陈甬军．切实加强学科建设构筑高校核心竞争力［J］．学位与研究生教育，2003（3）．

［34］翟亚军，王战军．理念与模式：关于世界一流大学学科建设的解读［J］．清华大学教育研究，2009（1）．

［35］吴越．世界一流大学的学科建设理念：基于MIT的个案研究［J］．西北师大学报（社会科学版），2010（2）．

［36］王恩华．大学学科建设：学科发展的动力分析［J］．科学学与科学技术管理，2002（5）．

［37］李枭鹰．论学科建设的基本原则［J］．高教论坛，2005（1）．

［38］刘献君．论高校学科建设中的几个问题［J］．中国地质大学学

报（社会科学版），2010（4）.

[39] 谢桂华. 关于学科建设的若干问题 [J]. 高等教育研究（武昌），2002（5）.

[40] 罗云. 论大学学科建设 [J]. 高等教育研究，2005（7）.

[41] 夏宏奎. 论新建本科院校的学科建设 [J]. 江苏高教，2006（1）.

[42] 赵文平，徐国华，吴敏. 学科发展规律与学科建设问题的研究 [J]. 学位与研究生教育，2004（5）.

[43] 程永波，罗云. 启迪与借鉴：关于国外著名研究型大学学科建设实践的研究 [J]. 黑龙江高教研究，2006（3）.

[44] 王大中. 学科建设是研究型大学的创新关键 [J]. 中国高等教育，2002（21）.

[45] 王建华. 学科建设新思维 [J]. 学位与研究生教育，2007（5）.

[46] 王建华. 多学科研究与高等教育学学科建设 [J]. 高等教育研究，2003（2）.

[47] 王洪才. 教育学：学科还是领域 [J]. 厦门大学学报（哲学社会科学版），2006（1）.

[48] 陈明. 学问之道与学术人生的和谐统一：试论"师道"与"学术"的三个境界 [J]. 教育评论，2015（11）.

[49] 马士斌. "战国时代"：高校核心竞争力的提升 [J]. 学海，2000（5）.

[50] 汪明义. 提升办学水平与校长的责任 [J]. 中国高等教育，2009（24）.

[51] 杜嘉华. 论以人为本的大学管理文化建设 [J]. 临沂师范学院学报，2006（4）.

[52] 王飞. 大学管理：应上升到文化管理的层次 [J]. 广西青年干部学院学报，2006（5）.

[53] 孔建益，杨军. 地方高校学科建设策略：差异化发展与错位竞争 [J]. 中国高教研究，2008（2）.

[54] 杨玉良. 关于学科和学科建设有关问题的认识 [J]. 中国高等

教育，2009（19）.

[55] 谢卫红，等. 论大学核心竞争力的构成要素及其构建途径 [J].
教育导刊，2010（12）.

[56] 蒋洪池，黄小敏. 学科建设：培育和提升大学核心竞争力的关
键 [J]. 教育理论与实践，2009（3）.

[57] 童锋. 美国研究型大学核心竞争力的启示 [J]. 教育与职业，
2009（19）.

[58] 郭秋平. 大学核心竞争力概念的演变及构成要素分析 [J]. 中
国青年社会科学，2009（3）.

[59] 黄伟. 大学核心竞争力研究 [J]. 中国成人教育，2008（3）.

[60] 赵建民. 大学核心竞争力的理论溯源与本质解读 [J]. 中国成
人教育，2008（6）.

[61] 李清平，蒋洪池，成中梅. 大学核心竞争力的内涵探析：基于
要素分析的视角 [J]. 现代教育科学（高教研究），2008（2）.

[62] 陈锡坚. 重视学科文化建设　提升大学核心竞争力 [J]. 中国
高教研究，2008（8）.

[63] 尹晓敏. 大学核心竞争力与大学的伦理品质 [J]. 江苏高教，
2008（6）.

[64] 刘尧. 大学核心竞争力的培育 [J]. 教育与职业，2007（25）.

[65] 龚辉. 构建广播电视大学核心竞争力的策略探讨 [J]. 教育与
职业，2007（18）.

[66] 刘向兵. 大学核心竞争力构成要素辨析 [J]. 中国人民大学学
报，2007（2）.

[67] 杨昕，等. 中国 14 所医科大学核心竞争力综合评价模型研究
[J]. 中国卫生统计，2007（3）.

[68] 曹连众. 基于知识管理视角的大学核心竞争力研究 [J]. 山西
师大学报（社会科学版），2006（1）.

[69] 魏晖，郑晓齐. 我国研究型大学核心竞争力探讨 [J]. 高等工
程教育研究，2006（1）.

[70] 姚小玲，赵平. 加强高校党建工作是提升大学核心竞争力的重要内容 [J]. 理论前沿，2006（7）.

[71] 刘向兵. 高校核心竞争力概念辨析 [J]. 中国人民大学学报，2006（2）.

[72] 寿玉琴. 战略管理理念与高校核心竞争力 [J]. 浙江社会科学，2006（4）.

[73] 梁文艳，龚波. 大学核心竞争力生命周期的多元化成长模式 [J]. 江苏高教，2006（6）.

[74] 陈兴德，王萍. 以学科建设为纽带　提升大学核心竞争力：中国创建世界一流大学的思考 [J]. 黑龙江高教研究，2005（5）.

[75] 张创伟，周雯. 论广播电视大学核心竞争力的内涵与培植 [J]. 现代远距离教育，2005（3）.

[76] 毛亚庆，夏仕武. 何谓高校核心竞争力 [J]. 北京大学教育评论，2005（2）.

[77] 李世收，仲伟俊，孙宙. 高校核心竞争力与信息化 [J]. 中国教育信息化（基础教育），2005（9）.

[78] 赵忠令，邵波. 大学核心竞争力及其心理建构 [J]. 江苏高教，2004（1）.

[79] 张建英. 中美大学核心竞争力的比较研究 [J]. 教育评论，2004（3）.

[80] 杨昕，孙振球. 大学核心竞争力的研究进展 [J]. 现代大学教育，2004（4）.

[81] 郑家成. 大学核心竞争力本质论 [J]. 清华大学教育研究，2004（6）.

[82] 黄达人. 创新人才培养模式　提升大学核心竞争力 [J]. 中国高等教育，2004（19）.

[83] 钱勤元. 打造大学核心竞争力刍议 [J]. 中国大学教学，2003（12）.

[84] 夏仕武. 大学核心竞争力的内涵及其形成特征 [J]. 江苏高教，

2003（6）.

　　[85] 刘继青，邓薇. 大学个性与大学核心竞争力 [J]. 教育理论与实践，2003（18）.

　　[86] 许涛，龚波. 解读大学核心竞争力：以制度的"眼睛"[J]. 辽宁教育研究，2003（10）.

　　[87] 王继华，文胜利. 论大学核心竞争力 [J]. 中国高教研究，2001（4）.

　　[88] 陈传鸿，陈甬军. 切实加强学科建设，构筑高校核心竞争力 [J]. 学位与研究生教育，2003（3）.

　　[89] 张信东，杨婷. 基于生态位理论构建高校核心竞争力的思考 [J]. 高教探索，2008（1）.

　　[90] 冯敏，方耀楣. 高校核心竞争力系统层次结构探析 [J]. 教育发展研究，2009（11）.

　　[91] 钟卫东. 基于 AHP 的高校核心竞争力评价模型研究 [J]. 中国高教研究，2007（2）.

　　[92] 周亚芳. 大学文化与高校核心竞争力 [J]. 江苏高教，2006（4）.

　　[93] 成长春. 以知识为基础的高校核心竞争力特征分析 [J]. 江苏高教，2005（3）.

　　[94] 朱明. 地方高校核心竞争力的主要影响因素 [J]. 教育理论与实践，2004（12）.

　　[95] 陆为群. 打造高校核心竞争力　走特色发展之路 [J]. 江苏高教，2006（1）.

　　[96] 徐敏，李明. 关于高校核心竞争力的思考 [J]. 江苏高教，2005（3）.

　　[97] 周国平，胡一波. 民办高校核心竞争力初探 [J]. 黑龙江高教研究，2006（9）.

　　[98] 侯俊华，汤作华. 提升地方高校核心竞争力的研究 [J]. 中国高教研究，2007（8）.

　　[99] 施鲁莎. 地方高校核心竞争力构成要素概析 [J]. 江苏高教，

2009（2）.

［100］卢文忠，张锦高. 基于 SWOT 分析框架下行业特色高校核心竞争力的提升［J］. 中国高等教育，2008（C2）.

［101］史波，王岩. 增强高校核心竞争力：高校战略人力资源管理初探［J］. 太平洋学报，2006（2）.

［102］杨传平. 发挥优势　培育特色　提升高校核心竞争力［J］. 中国高等教育，2010（21）.

［103］苏荟，胡宜挺. 高校核心竞争力构成要素及作用机理研究［J］. 辽宁教育研究，2008（1）.

［104］陈洪转，成长春，殷凤春. 对我国高校核心竞争力定量评价研究［J］. 辽宁教育研究，2006（7）.

［105］刘中亮. 论大学精神对高校核心竞争力的影响［J］. 江苏高教，2010（4）.

［106］刘龙刚. 价值链视角下民办高校核心竞争力评价［J］. 统计与决策，2011（9）.

［107］房喻. 高校核心竞争力的提升与内在品质的塑造［J］. 教育研究，2009（10）.

［108］李世收，仲伟俊，孙宙. 信息化与高校核心竞争力的关系研究［J］. 情报科学，2006（3）.

［109］林浩亮. 打造高校核心竞争力策略之一：高校教师合作文化的校本建构［J］. 当代教育科学，2008（5）.

［110］冯敏，方耀楣. 复杂系统视域下的高校核心竞争力诠释［J］. 江苏高教，2009（5）.

［111］徐和清，胡祖光. 论人才培养模式可以成为高校核心竞争力［J］. 浙江社会科学，2008（12）.

［112］赵晖. 提高高校核心竞争力的新理念：高校软实力建设［J］. 国家教育行政学院学报，2009（3）.

［113］丁哲学. 学科群在高校核心竞争力中的作用及构建［J］. 黑龙江高教研究，2008（1）.

[114] 徐鹏. 高校核心竞争力培育中的组织文化建设问题研究 [J]. 福建论坛（社科教育版），2007（10）.

[115] 刘全利，李洪普，李恩. 以学科建设提升地方高校核心竞争力 [J]. 中国高等教育，2009（11）.

[116] 潘晓凤. 关于地方高校核心竞争力的思考 [J]. 理论导刊，2009（11）.

[117] 鹿林. 以市场需求为导向打造高校核心竞争力 [J]. 中国高等教育，2015（8）.

[118] 简世德，杨婷，杨柳婧. 高校核心竞争力的隐性知识属性与提升策略 [J]. 广西社会科学，2010（1）.

[119] 黄海. 基于大学文化、大学精神视角的高校核心竞争力探析 [J]. 现代教育管理，2010（12）.

[120] 朱明. 地方高校核心竞争力的构成及内在关系 [J]. 生产力研究，2005（1）.

[121] 杨树兵. 民办高校核心竞争力影响要素及构成要件 [J]. 黑龙江高教研究，2009（5）.

[122] 陈运平，谢菊兰. 高等教育国际化进程中高校核心竞争力的培育与构建 [J]. 江西教育科研，2004（7）.

[123] 郑超欣，孙光勇. 高校核心竞争力及其提升的必然选择 [J]. 教育与职业，2007（35）.

[124] 施鲁莎. 地方高校核心竞争力评价指标体系的建构 [J]. 中国成人教育，2010（10）.

[125] 张俊. 民办高校核心竞争力及评价：基于层次分析法的研究 [J]. 教育学术月刊，2012（12）.

[126] 李勉媛. 谈地方高校核心竞争力的内涵及提升策略 [J]. 教育探索，2013（1）.

[127] 赵观石. 地方高校核心竞争力的内涵、特征及实现路径：以河南理工大学为例 [J]. 教育理论与实践，2010（24）.

[128] 张庆华，付金龙，王磊. 高校核心竞争力提升过程中的知识整

合研究 [J]. 科技管理研究, 2013 (23).

[129] 丁哲学. 以学科建设促进地方高校核心竞争力的提升 [J]. 学位与研究生教育, 2008 (4).

[130] 曾琼, 龙先琼. 民族地区地方高校核心竞争力建设探析: 以专业建设为视角 [J]. 民族教育研究, 2012 (3).

[131] 张俊玲. 地方高校核心竞争力提升的路径与策略 [J]. 教育与职业, 2009 (18).

[132] 姜明. 以学科交叉为特色的高校核心竞争力研究 [J]. 中国成人教育, 2007 (15).

[133] 杨运星. 简论培育高校核心竞争力 [J]. 中国成人教育, 2005 (1).

[134] 徐朝亮, 邓秋芳. 论特色强校与高校核心竞争力的提升 [J]. 继续教育研究, 2010 (2).

[135] 戴林富. 论民族地区高校核心竞争力培育 [J]. 民族教育研究, 2008 (3).

[136] 徐茂卫. 略论传统体育类高校核心竞争力的构建 [J]. 武汉体育学院学报, 2004 (5).

[137] 林秀英, 武振业. 基于顾客价值的高校核心竞争力构建 [J]. 中国高教研究, 2005 (12).

[138] 王增国. 办学自主权扩大与行业特色高校核心竞争力的提升 [J]. 黑龙江高教研究, 2014 (11).

[139] 胡宜挺. 高校核心竞争力评价与分析: 以西部 H 高校为例 [J]. 辽宁教育研究, 2008 (8).

[140] 石贵舟, 余霞. 大学文化提升高校核心竞争力 [J]. 教育与职业, 2011 (33).

[141] 施鲁莎. 地方高校核心竞争力评价实证研究: 基于主成分分析法 [J]. 黑龙江高教研究, 2010 (7).

[142] 冯敏, 方耀楣. 高校核心竞争力的自组织演进机制 [J]. 教育理论与实践, 2009 (12).

［143］冯敏，钟雨轩. 高校核心竞争力系统绩效提升策略研究［J］.国家教育行政学院学报，2009（9）.

［144］侯芳，朱勤文. 高校核心竞争力识别标准的研究：基于"路径依赖"学说［J］. 辽宁教育研究，2008（9）.

［145］姚伟民. 加强学风建设　构筑地方高校核心竞争力［J］. 广西医科大学学报，2007（S1）.

［146］余传杰. 高校核心竞争力的构成要素及其作用机理［J］. 当代教育科学，2015（1）.

［147］韦巧燕. 试论地方高校核心竞争力的构建［J］. 教育与职业，2008（9）.

［148］石贵舟，余霞. 基于知识流的高校核心竞争力战略构想及发展路径选择［J］. 教育与职业，2012（23）.

［149］施鲁莎. 地方高校核心竞争力的提升：以提高教育教学质量为关键［J］. 教育理论与实践，2010（12）.

［150］王超. 落实科学发展观　构建高校核心竞争力［J］. 教育与职业，2005（29）.

［151］简世德，杨柳婧，杨婷. 论高校核心竞争力刚性及其消除策略［J］. 湖北社会科学，2010（4）.

［152］缪九花. 提高地方高校核心竞争力　培养新时代人才［J］. 中国人才，2011（14）.

［153］任友群. 教育信息化提升高校核心竞争力［J］. 中国教育信息化：高教职教，2008（11）.

四、报纸及网页

［1］国务院关于印发统筹推进世界一流大学和一流学科建设总体方案的通知［EB/OL］. ［2015－11－05］. http：//www. gov. cn/zhence/content/2015－11/05/content_10269. htm.

［2］教育部高校文化素质教育指导委员会顾问张岂之先生为纪念大学

文化素质教育十周年的题词 [N]. 新清华, 2005 - 10 - 20.

[3] 胡显章. 努力以科学的大学理念推进文化素质教育 [N]. 新清华, 2005 - 10 - 20.

[4] 周进. 大学中学科核心竞争力 [N]. 科技导报, 2001 - 10 - 20.

[5] 杨福家. 关于如何办好大学的思考 [N]. 学习时报, 2008 - 08 - 09.

五、外文文献

[1] PRAHALAD C K, HAMEL G. The core competence of the corporation [J]. Harvard business review, 1990, 68 (13).

[2] POST H A, et al. Building a strategy on competencies [J]. Long range planning, 1997 (30).

[3] SANCHEZ R, HEENE A & THOMAS H. Dynamics of competence-based competition: theory and practice [J]. New strategic management, 1996 (7).

[4] STEERS R M, PORTER L W. Motivation and work behavior [M]. 5th ed. New York: McGraw - Hill, 1991.

[5] ALDERFER C P. Existence, relatedness and growth [M]. Springfield: Collier Macmillan, 1972.

[6] MORGAN G. Creative organization theory: a resourcebook [M]. London: Sage Publications, 1989.

[7] DRUMMOND H. Introduction to organizational behavior [M]. Oxford: Oxford University Press, 2000.

[8] EGAN G. The shadow side [J]. Management today, 1993 (9).

[9] GRATTON L. The democratic enterprise [M]. Hoboken: Financial Times Prentice Hall, 2004.

[10] CARTWRIGHT J. Cultural transformation [M]. Hoboken: Financial Times Prentice Hall, 1999.

[11] FUMHAM A, TAYLOR J. The dark side of behavior at work [M]. London: Palgrave Macmillan, 2004.

[12] HAMEL G, BREEN B. The future of management [M]. Boston: Harvard Business School Press, 2007.

[13] GRATTON L. Living strategy: putting people at the heart of corporate purpose [M]. Hoboken: Financial Times Prentice Hall, 2000.

[14] NAYLOR J. Management [M]. 2nd ed. Hoboken: Financial Times Prentice Hall, 2000.

[15] OLIVER J. Losing control [J]. Management today, 1998 (6).

[16] TEICHLER U. Diversification? Trends and explanations of the shape and size of higher education [J]. Higher education, 2008 (56).

[17] EAST J. Judging plagiarism: a problem of morality and convention [J]. Higher education, 2010 (59).

[18] FOSTER G. Teacher effects on student attrition and performance in mass-market tertiary education [J]. Higher education, 2010 (60).

[19] NEAVE G, VEIGA A. The Bologna Process: inception, 'take up' and familiarity [J]. Higher education, 2013 (66).

[20] SU Y H. The constitution of agency in developing lifelong learning ability: the 'being' mode [J]. Higher education, 2011 (62).

[21] PARK E L, CHOI B K. Transformation of classroom spaces: traditional versus active learning classroom in colleges [J]. Higher education, 2014 (68).

[22] SAM C, VAN DEN SIJDE P. Understanding the concept of the entrepreneurial university from the perspective of higher education model [J]. Higher education, 2014 (68).

[23] LIU O L. Value-added assessment in higher education: a comparison of two methods [J]. Higher education, 2011 (61).

[24] BREW A. Disciplinary and interdisciplinary affiliations of experienced researchers [J]. Higher education, 2008 (56).

［25］ JACKSON D. Factors influencing job attainment in recent bachelor graduates： evidence from Australia ［J］. Higher education, 2014 (68).

［26］ JAFFEE D. The general education initiative in Hong Kong： organized contradictions and emerging tensions ［J］. Higher education, 2012 (64).

［27］ LIVANOS I. The relationship between higher education and labour market in Greece： the weakest link? ［J］. Higher education, 2010 (60).

［28］ MALCOLM M. A critical evaluation of recent progress in understanding the role of the research-teaching link in higher education ［J］. Higher education, 2014 (67).

［29］ DOBBINS M, KNILL C & VOGTLE E M. An analytical framework for the cross-country comparison of higher education governance ［J］. Higher education, 2011 (62).

［30］ STEINER L, AGNETA C & SAMMALISTO S K. An analytical model for university identity and reputation strategy work ［J］. Higher education, 2013 (65).

［31］ ARIMOTO A. Declining symptom of academic productivity in the Japanese research university sector ［J］. Higher education, 2015 (70).

［32］ TAM K Y, Chen M X. Examining scholarship in China's academe： an exploratory study ［J］. Higher education, 2010 (60).

［33］ MARGINSON S. Higher education in East Asia and Singapore： rise of the Confucian Model ［J］. Higher education, 2011 (61).

［34］ CUTHBERT D, MOLLA T. PhD crisis discourse： a critical approach to the framing of the problem and some Australian 'solutions' ［J］. Higher education, 2015 (69).

［35］ FINKLESTEIN M Ji, WALKER E & CHEN R. The American faculty in an age of globalization： predictors of internationalization of research content and professional networks ［J］. Higher education, 2013 (66).

［36］ WICHMANN – HANSEN G, THOMSEN R & NORDENTOFT H M.

Challenges in Collective Academic Supervision: supervisors' experiences from a Master Programme in Guidance and Counselling [J]. Higher education, 2015 (70).

[37] KOEHN P H, UITTO J I. Evaluating sustainability education: lessons from international development experience [J]. Higher education, 2014 (67).

[38] WHITCHURCH C. Expanding the parameters of academia [J]. Higher education, 2012 (64).

[39] JANG D, KIM L. Framing "world class" differently: international and Korean participants' perceptions of the world class university project [J]. Higher education, 2013 (65).

[40] STEUR J M, JANSEN E A & HOFMAN W A. Graduateness: an empirical examination of the formative function of university education [J]. Higher education, 2012 (64).

[41] BASIT T N, EARDLEY A & BOURP R. Higher education institutions and work-based learning in the UK: employer engagement within a tripartite relationship [J]. Higher education, 2015 (70).

[42] KIANY G R, SHAYESTEFAR P, SAMAR R G. High-rank stakeholders' perspectives on high-stakes University entrance examinations reform: priorities and problems [J]. Higher education, 2013 (65).

[43] KONDALCO Y, VAN DEN BROECK H. Institutional imperatives versus emergent dynamics: a case study on continuous change in higher education [J]. Higher education, 2009 (58).

[44] MA W, YUE Y. Internationalization for quality in Chinese research universities: student perspectives [J]. Higher education, 2015 (70).

[45] ABRAMO G, D'ANGELO C A & DI COSTA F. Investigating returns to scope of research fields in universities [J]. Higher education, 2014 (68).

[46] JAMES D. Investigating the curriculum through assessment practice in higher education: the value of a 'learning cultures' approach [J]. Higher

education，2014（67）.

［47］ MURRAY R. It's not a hobby：reconceptualizing the place of writing in academic work ［J］. Higher education，2013（66）.

后 记

自 1990 年从华中师范大学教育系毕业后，我一直在湖北老家一乡镇中学从教，2002 年考入华中科技大学教育科学研究院读研，2005 年硕士毕业后进入嘉应学院，主要在评建办规划处等职能部门工作，2012 年秋重入母校华中科技大学教科院读教育专业博士至 2019 年毕业，其间横跨知命之年，毕业至今已过三个春秋。人生半百，感慨系之；蓦然回首，道长且阻。感谢华中科大教科院，这是改变我命运并开启我学术生命的地方，让我一辈子魂牵梦绕。

本书是在博士学位论文基础上继续研究的成果。首先，我要感谢我的博士生导师余东升教授，录取一个临近知命之年的博士生无疑是有一定风险的，为此我十分感念导师渡人自渡的胸襟，我有幸成为他指导的第一届教育专业学位博士生。大学核心竞争力研究较为常见的是做成一个案例实证的研究，这有较为成熟的先例可以借鉴，也比较符合时下重实证、重案例和重对策研究的评价偏好，但我个人偏爱基础理论研究。论题的意义毋庸置疑，但鉴于论题牵涉的广度和另辟蹊径的难度，导师开题伊始也有所提醒和担心，但最终选择信任我。幸运的是，攻读七载，胼手胝足，终于顺利通过盲审和答辩。在职攻读，裹挟在学问、工作与生活的繁难之间，时生放弃之念，而余老师每每于困境中的点拨与鼓励，如有拨云见日之效，让人时有"行到水穷处，坐看云起时"之慨。一路走来，伴随着步步跋涉，也收获着每每惊喜。对于导师余东升教授人格魅力和深厚学养的认知与体会，谨用徐爱对其师王阳明的话语来形容："但见先生之道，即之若易，而仰之愈高；见之若粗，而探之愈精；就之若近，而造之愈益无穷。"六余年来，"竟未能窥其藩篱"。

其次，我要感谢我的硕士生导师冯向东教授。冯老师主要招录博士

174

生，我是他仅招的两个硕士生之一。冯老师作为学校副校长和博士生导师，学术和管理工作十分繁忙，在我读博期间仍然让我参与师门研讨学习，对我的学业和进步十分关心。其宽厚温润的为人、缜密辩证的思维、淡泊儒雅的品格使我终身受益。

再次，我还要感谢母校华中科大教科院刘献君教授、张应强教授、别敦荣教授、沈红教授、陈廷柱教授、李太平教授、贾永堂教授、柯佑祥教授、陈敏教授、张建林教授，雷洪德教授、徐海涛副教授、张俊超副教授、于海琴副教授、郭卉副教授、余保华副教授、彭湃副教授、蔺亚琼副教授、许宏编审、刘雅老师的指点与建议；感谢深圳大学李均教授、汕头大学康全礼副研究员、湖北幼儿师范高等专科学校周宗清校长、黄石一中童文清书记的关心与帮助；感谢同学王春春博士、王骥博士、张峰博士、陈波博士、徐燕敏博士、杨开亮博士、任令涛博士的切磋与分享；感谢嘉应学院袁铎副校长、廖志成副校长、范远波教授、杜德栎教授、陈永编审、王石榴编审、张恩德博士、刘家明博士、朱丰良博士、刘奕涛博士以及嘉应学院教育科学学院、教务处、人事处、教学质量监控与评估中心领导及同仁的关心与支持；感谢本文引用文献的所有作者。

我尤为感谢的是，本著作的出版得到暨南大学出版社杜小陆老师的大力支持，在他的精心指导、编校和周密安排下，本书得以顺利出版。为此，特向杜小陆老师以及为本书出版辛勤付出的暨南大学出版社的各位领导和编辑致以衷心感谢！

虽经反复修改检查，但由于时间仓促、笔者水平有限，难免存在这样或那样的不足和谬误。不当之处，均由作者自负其责，诚请各位读者、专家批评指正！

最后，我要感谢我夫人张丽华女士的默默陪伴，终于了却我平生的一大心愿，也是我继续前行的起点。学问之道与学术人生，没有终点……

陈　明
2022 年 6 月 24 日